LES
AUTEURS LATINS

EXPLIQUÉS D'APRÈS UNE MÉTHODE NOUVELLE

PAR DEUX TRADUCTIONS FRANÇAISES

L'UNE LITTÉRALE ET JUXTALINÉAIRE PRÉSENTANT LE MOT A MOT FRANÇAIS
EN REGARD DES MOTS LATINS CORRESPONDANTS
L'AUTRE CORRECTE ET PRÉCÉDÉE DU TEXTE LATIN

avec des sommaires et des notes

PAR UNE SOCIÉTÉ DE PROFESSEURS

ET DE LATINISTES

CICÉRON

—

DIALOGUE SUR LA VIEILLESSE

EXPLIQUÉ LITTÉRALEMENT
TRADUIT EN FRANÇAIS ET ANNOTÉ

PAR MM. PARET ET LEGOUËZ
Professeurs

PARIS

LIBRAIRIE DE L. HACHETTE ET Cie

RUE PIERRE-SARRAZIN, Nº 12

(QUARTIER DE L'ÉCOLE DE MÉDECINE.)

LES
AUTEURS LATINS

EXPLIQUÉS D'APRÈS UNE MÉTHODE NOUVELLE

PAR DEUX TRADUCTIONS FRANÇAISES

Ce dialogue a été expliqué littéralement, traduit en français et annoté par MM. Paret, professeur au Collége Rollin, et Legouëz, licencié ès lettres.

DE L'IMPRIMERIE DE CRAPELET, RUE DE VAUGIRARD, 9.

LES
AUTEURS LATINS

EXPLIQUÉS D'APRÈS UNE MÉTHODE NOUVELLE

PAR DEUX TRADUCTIONS FRANÇAISES

L'UNE LITTÉRALE ET JUXTALINÉAIRE PRÉSENTANT LE MOT A MOT FRANÇAIS
EN REGARD DES MOTS LATINS CORRESPONDANTS
L'AUTRE CORRECTE ET PRÉCÉDÉE DU TEXTE LATIN

avec des sommaires et des notes

PAR UNE SOCIÉTÉ DE PROFESSEURS

ET DE LATINISTES

———

CICÉRON
DIALOGUE SUR LA VIEILLESSE

———◆———

PARIS
LIBRAIRIE DE L. HACHETTE ET Cie
RUE PIERRE-SARRAZIN, No 14
(Quartier de l'École de Médecine)

———

1850

AVIS

RELATIF A LA TRADUCTION JUXTALINÉAIRE.

On a réuni par des traits les mots français qui traduisent un seul mot latin.

On a imprimé en *italiques* les mots qu'il était nécessaire d'ajouter pour rendre intelligible la traduction littérale, et qui n'avaient pas leur équivalent dans le latin.

Enfin, les mots placés entre parenthèses doivent être considérés comme une seconde explication, plus intelligible que la version littérale.

ARGUMENT ANALYTIQUE.

On s'accorde à placer la composition du *Dialogue sur la Vieillesse* vers l'an de Rome 709, quelque temps après la mort de César. Brutus et Cassius avaient été forcés de quitter Rome; Cicéron, que les vétérans de César accusaient de s'être réjoui de la mort de leur général, avait à craindre pour sa vie et habitait tour à tour plusieurs de ses maisons de campagne, Tusculum, Formies, Astura, Sinuesse, Pouzzol, etc. C'est au milieu de cette vie inquiète et agitée qu'il écrivit le plus grand nombre de ses ouvrages philosophiques, s'il faut réellement assigner à cette année la *Nature des Dieux*, la *Divination*, la *Vieillesse*, l'*Amitié*, les *Devoirs*, etc., etc.

Cicéron parle à Atticus du *Dialogue sur la Vieillesse*, au mois de mai de l'an 709 (*Lettres à Atticus*, XIV, 21), au mois de juillet (XVI, 3), et au mois de novembre (XVII, 11). Il avait alors soixante-trois ans, et son ami Atticus à qui l'ouvrage est adressé, en avait soixante-six.

L'auteur, dont le but est de faire l'apologie de la vieillesse, suppose une conversation de Caton le Censeur, âgé de quatre-vingt-quatre ans (ch. X), avec le second Scipion surnommé depuis l'Africain, et son ami Lélius, l'an de Rome 603, sous le consulat de T. Quinctius Flamininus et de Manius Acilius Balbus. Outre les titres de Caton au respect et à la confiance de la jeunesse romaine, c'était le vieillard le plus vif, le plus actif, le plus jaloux de son autorité et du triomphe de ses idées, dont Rome ait gardé le souvenir. Comme ses dernières années avaient été consacrées à l'étude des lettres grecques, pour lesquelles il avait jusque-là montré le plus grand mépris, Cicéron pouvait sans invraisemblance lui faire mêler la gravité des mœurs romaines à la sublimité de la philosophie socratique.

Les reproches que les anciens adressaient à la vieillesse, et qu'on lui adressera sans doute éternellement, malgré l'éloquent plaidoyer de Cicéron, se ramenaient à quatre chefs principaux : la vieillesse nous éloigne des affaires (ch. VI), elle nous ôte les forces (IX); elle

DIALOGUE SUR LA VIEILLESSE. 1

nous prive de presque tous les plaisirs (xii) ; enfin, elle est voisine de
la mort (xix).

Caton démontre que ces griefs sont mal fondés. Il appuie ses réponses de l'autorité et de l'exemple des vieillards qui ont illustré
Rome et la Grèce, des Fabius, des Curius, des Fabricius, des Solon,
des Platon, des Sophocle.

Au premier chef d'accusation, il répond que si les vieillards ne se
mêlent plus des affaires qui concernent les jeunes gens, ils en ont de
plus graves à conduire. Le gouvernement des familles et des États
réclame la prudence de la vieillesse et les bons conseils qui n'appar-
tiennent qu'à la maturité de l'âge. D'ailleurs, même en dehors des
affaires publiques, le vieillard trouve une carrière toujours ouverte,
celle de l'étude et des travaux de l'esprit. Solon se félicitait de vieillir
en s'instruisant tous les jours.

Caton répond au second reproche que, si en effet la vieillesse diminue les forces du corps, il ne s'est jamais aperçu qu'elle altérât
celles de l'esprit. Les exercices du gymnase ne sont plus le fait des
vieillards ; mais si la débauche n'a point usé leur corps pendant la
jeunesse, ils conservent sur le déclin de l'âge assez d'énergie pour
servir l'État et surtout pour éclairer et guider les jeunes gens.

On ajoute que la vieillesse prive des jouissances. Si l'on veut parler
de la volupté, c'est un heureux privilége qu'on reconnaît à la vieillesse en la déclarant affranchie de la tyrannie des passions qui flé-
trissent l'âme et aveuglent l'esprit. Il est pour le vieillard d'autres
jouissances plus calmes et d'une exquise douceur : ce sont les plaisirs
de l'esprit, qui semblent avoir plus de charme à mesure qu'on les
goûte davantage. N'oublions pas ceux que nous offre la vie des
champs, loin des affaires et du bruit, dans la contemplation des merveilles de la nature.

Enfin, la vieillesse ne doit pas, quoi qu'on dise, s'effrayer de la
mort, qui n'est autre chose que le terme d'un pénible voyage, et le
port longtemps espéré. La vie n'est pas plus assurée à la fleur de l'âge
qu'au déclin des ans. Seulement la mort du vieillard a quelque chose
de plus naturel et de plus doux. La vie avancée est comme un fruit

mûr qui se détache sans effort. Mais ce qui donne surtout à l'homme la force d'envisager la mort sans crainte, c'est l'espérance de l'immortalité. Caton montre que toutes les grandes âmes ont pressenti la véritable vie qui commence au delà du tombeau. Il rappelle les arguments des philosophes socratiques et toutes les preuves qui établissent la sublime vérité enseignée par Platon et son divin maître.

Tel est, en substance, le *Dialogue sur la Vieillesse,* bien supérieur au *Dialogue sur l'Amitié,* et l'un des ouvrages les plus parfaits de Cicéron. La division en est claire, la marche facile, les développements ingénieux et quelquefois touchants. Cependant on peut trouver qu'il n'est pas complet. Cicéron ne songe le plus souvent qu'à la vieillesse de l'homme d'État; il n'écrit ni pour tous les rangs ni pour toutes les conditions. Il n'a pas même nommé les femmes, que d'ailleurs il a également oubliées et dans le traité *des Devoirs,* et dans le *Dialogue sur l'Amitié,* et dans ses autres ouvrages de morale. C'est l'effet d'un préjugé commun à tous les siècles qui ont précédé le christianisme.

CATO MAJOR,

SEU

DE SENECTUTE DIALOGUS.

AD T. POMPONIUM ATTICUM.

———

I. 1.

> O Tite, si quid ego [1] adjuro, curamve levasso,
> Quæ nunc te coquit [2] et versat, in pectore fixa,
> Ecquid erit præmi?

Licet enim mihi versibus eisdem affari te, Attice, quibus affatur Flamininum [3]

> Ille vir, haud magna cum re [4], sed plenu' fidei :

quanquam certo scio, non, ut Flamininum,

> Sollicitari te, Tite, sic noctesque diesque.

Novi enim moderationem animi tui et æquitatem, teque non cognomen solum Athenis deportasse, sed humanitatem et prudentiam intelligo. Et tamen te suspicor eisdem rebus [5], quibus me ipsum, interdum gravius commoveri : quarum consolatio et major est, et in aliud tempus differenda. Nunc autem visum est mihi de senectute aliquid ad te conscribere.

I..1. « O Titus, si je viens à ton aide, si j'adoucis le cuisant chagrin qui en ce moment remplit ton cœur et l'agite, quelle sera ma récompense? » Je puis en effet, ô Atticus, vous adresser les vers qu'adresse à Flamininus « cet homme sans richesse, mais plein d'honneur : » pourtant je suis loin d'ignorer que vous n'êtes pas, comme Flamininus, « assiégé de soucis nuit et jour, » car je connais la modération et l'égalité de votre âme, et je sais que vous n'avez pas rapporté seulement d'Athènes le surnom d'Atticus, mais aussi la douceur et la sagesse. Toutefois, je soupçonne que les préoccupations qui me troublent moi-même vous tourmentent souvent bien fort aussi : de telles douleurs réclament des consolations d'un ordre plus élevé et qu'il faut remettre à un autre temps. Aujourd'hui j'ai seulement l'intention de vous entretenir de la vieillesse.

CATON L'ANCIEN,

OU

DIALOGUE SUR LA VIEILLESSE.

A T. POMPONIUS ATTICUS.

———

I. 1. « O Tite,
si ego adjuro quid,
levassove curam,
quæ, fixa in pectore,
nunc coquit et versat te,
ecquid præmi
erit? »
Licet enim mihi, Attice,
affari te eisdem versibus,
quibus « ille vir,
haud cum re magna,
sed plenus fidei, »
affatur Flamininum :
quanquam scio certo,
« Tite, te non sollicitari
noctesque diesque »
sicut Flamininum.
Novi enim moderationem
et æquitatem tui animi,
et intelligo
te deportasse Athenis
non solum cognomen,
sed humanitatem
et prudentiam.
Et tamen suspicor
te commoveri interdum
gravius eisdem rebus
quibus me ipsum :
quarum consolatio est
et major   [pus.
et differenda in aliud tem-
Nunc autem visum est mihi
conscribere aliquid ad te
de senectute.

I. 1. « O Titus,
si moi je *vous* ai aidé en quelque chose,
ou (et) que j'aie allégé le souci,
qui, enfoncé dans *votre* cœur,   [agite,
en-ce-moment vous tourmente et *vous*
est-ce-que-quelque-chose de (quelque) ré-
sera *à moi* ? »   [compense
En effet il m'est permis, Atticus,
de vous parler en ces-mêmes vers,
dans lesquels « cet homme,
non avec une fortune grande,
mais plein d'honneur, »
parle à Flamininus :
pourtant je sais positivement,
« Titus, vous n'être point tourmenté
et les nuits et les jours »
ainsi que Flamininus.
Car je connais la modération
et l'égalité de votre âme,
et je sais
vous avoir rapporté d'Athènes
non-seulement un surnom,
mais la douceur
et la sagesse.
Et cependant je soupçonne
vous être agité quelquefois
profondément des mêmes choses
dont *je sais l'être* moi-même :
desquelles la consolation est
et plus grande (difficile)
et devant être remise à un autre temps.
Mais aujourd'hui il m'a paru *bon*
d'écrire quelque chose à vous
sur la vieillesse.

2. Hoc enim onere, quod mihi tecum commune est, aut jam urgentis, aut certe adventantis, senectutis et te et me ipsum levari volo : etsi te quidem id modice ac sapienter, sicut omnia, et ferre et laturum esse certo scio. Sed mihi, quum de senectute aliquid vellem scribere, tu occurrebas dignus eo munere, quo uterque nostrum communiter uteretur. Mihi quidem ita jucunda hujus libri confectio fuit, ut non modo omnes absterserit senectutis molestias, sed effecerit mollem etiam et jucundam senectutem. Nunquam igitur satis laudari digne poterit philosophia, cui qui pareat, omne tempus ætatis sine molestia possit degere.

3. Sed de ceteris et diximus multa, et sæpe dicemus : hunc librum de senectute ad te misimus. Omnem autem sermonem tribuimus non Tithono [1], ut Aristo Chius [2]; parum enim esset auctoritatis in fabula ; sed M. Catoni seni, quo majorem auctoritatem haberet oratio. Apud quem Lælium [3] et Scipionem [4]

---

2. Ce fardeau qui nous est commun à tous les deux, cette vieillesse qui déjà nous presse ou au moins nous menace, je veux l'alléger pour vous et pour moi, quoique je sache bien que vous supportez ce mal et que vous le supporterez toujours, comme toutes choses, avec modération et sagesse. Mais dès que j'ai songé à écrire sur la vieillesse, votre souvenir s'est présenté à moi comme celui d'un homme bien digne d'un présent qui serait entre nous d'un commun usage. J'ai eu tant de plaisir à composer cet ouvrage, que non-seulement il a effacé à mes yeux tous les inconvénients de la vieillesse, mais encore me l'a rendue agréable et douce. Aussi l'on ne pourra jamais faire un assez bel. éloge de la philosophie, qui donne à ceux qui suivent ses lois une vie sans amertume à tout âge.

3. J'ai déjà parlé bien des fois de ses bienfaits envers tout autre âge, et j'en parlerai souvent encore; la vieillesse seule est le sujet du livre que je vous envoie. J'ai fait parler dans tout le cours de l'ouvrage non pas Tithon, comme a fait Ariston de Chio : la fable a peu d'autorité; mais le vieux Caton, afin que ma parole eût plus de poids. Je suppose que Lélius et Scipion lui témoignent leur admiration de

2. Volo enim
et te et me ipsum
levari hoc onere senectutis,
aut jam urgentis,
aut certe adventantis,
quod est commune mihi
tecum,
etsi scio certo
te et ferre et laturum esse id
modice ac sapienter,
sicut omnia.
Sed quum vellem
scribere aliquid
de senectute,
tu occurrebas mihi
dignus eo munere,
quo uterque nostrum
uteretur communiter.
Confectio quidem
hujus libri
fuit mihi ita jucunda
ut non modo absterserit
omnes molestias senectutis,
sed effecerit senectutem
mollem etiam et jucundam.
Philosophia
poterit igitur nunquam
laudari satis digne,
cui qui pareat,
possit degere sine molestia
omne tempus ætatis.
3. Sed et diximus,
et dicemus sæpe multa
de ceteris :
misimus ad te hunc librum
de senectute.
Tribuimus autem
omnem sermonem
non Tithono,
ut Aristo Chius;
parum enim auctoritatis
esset in fabula;
sed M. Catoni seni,
quo oratio haberet
auctoritatem majorem.
Facimus Lælium
et Scipionem

2. Je veux en effet
et vous et moi-même
être soulagés de ce fardeau de la vieillesse,
ou déjà *nous* pressant,
ou du moins s'avançant,
lequel m'est commun
avec vous,
bien que je sache positivement
vous et le supporter et devoir *le* supporter
modérément et sagement,
ainsi que tout.
Mais comme je voulais
écrire quelque chose
sur la vieillesse,
vous vous présentiez à moi (à mon esprit)
comme digne de ce présent,
dont l'un-et-l'autre de nous
userait en commun.
Vraiment la composition
de ce livre
m'a été si agréable
que non-seulement elle a effacé
tous les ennuis de la vieillesse,
mais *qu*'elle m'a rendu la vieillesse
douce même et agréable.
La philosophie
ne pourra donc jamais
être louée assez convenablement,
à laquelle celui qui obéit
peut passer sans chagrin
tout le temps de *sa* vie.
3. Mais et nous avons dit,
et nous dirons souvent beaucoup de choses
sur les autres *parties de la vie* :
nous avons (j'ai) envoyé à vous ce livre
sur la vieillesse.
Or nous attribuons
tout le discours
non à Tithon,
comme Ariston de-Chio;
en effet peu d'autorité
serait dans la fable;
mais à M. Caton le vieux,
afin que le discours eût
une autorité plus grande.
Nous supposons Lélius
et Scipion

facimus admirantes, quod is tam facile senectutem ferat,
iisque eum respondentem. Qui si eruditius videbitur disputare, quam consuevit ipse in suis libris, attribuito Græcis litteris, quarum constat eum perstudiosum fuisse in senectute.
Sed quid opus est plura? Jam enim ipsius Catonis sermo
explicabit nostram omnem de senectute sententiam.

II. 4. Scipio. Sæpenumero admirari soleo cum hoc C. Lælio
tum ceterarum rerum tuam excellentem, M. Cato, perfectamque sapientiam, tum vel maxime, quod nunquam senectutem
tibi gravem esse senserim; quæ plerisque senibus sic odiosa
est, ut onus se Ætna [1] gravius dicant sustinere. Cato. Rem
haud sane difficilem, Scipio et Læli, admirari videmini. Quibus enim nihil est in ipsis opis ad bene beateque vivendum,
iis omnis ætas gravis est : qui autem omnia bona a se ipsis
petunt, iis nihil potest malum videri, quod naturæ necessitas
afferat. Quo in genere in primis est senectus, quam ut adipis-

ce qu'il supporte si aisément la vieillesse, et que Caton leur répond.
Si son langage vous paraît avoir plus d'élégance que le style de ses
ouvrages, vous en ferez honneur aux lettres grecques pour lesquelles
on sait qu'il se passionna dans ses vieux jours. Mais je m'arrête.
Caton va vous exposer lui-même tout ce que je pense de la vieillesse.

II. 4. Scipion. Lélius et moi nous admirons bien souvent,
Caton, votre sagesse éminente et parfaite en toutes choses; mais
ce qui nous étonne le plus, c'est que la vieillesse ne paraît jamais
vous être à charge, la vieillesse, ce fardeau si pénible à la plupart
des hommes qu'ils le trouvent plus pesant que l'Etna. Caton. Ce que
vous admirez là, Scipion et Lélius, est pourtant bien simple. Ceux qui
n'ont en eux-mêmes aucune ressource pour bien vivre et être heureux, trouvent insupportables tous les âges de la vie; mais ceux qui
cherchent tous leurs biens en eux-mêmes, ne peuvent regarder comme
un mal ce qui est une nécessité de la nature. Telle est surtout la

admirantes apud quem,
quod is ferat senectutem
tam facile,
eumque respondentem iis.
Si qui videbitur disputare
eruditius
quam ipse consuevit
in suis libris,
attribuito litteris Græcis,
quarum constat
eum fuisse perstudiosum
in senectute.
Sed quid est opus plura?
Jam enim
sermo Catonis ipsius
explicabit
omnem nostram sententiam
de senectute.

   II. 4. Scipio. Soleo
admirari sæpenumero
cum hoc C. Lælio,
tuam sapientiam, M. Cato,
excellentem perfectamque
tum ceterarum rerum,
tum vel maxime,
quod nunquam senserim
senectutem
esse gravem tibi;
quæ est sic odiosa
plerisque senibus
ut dicant se sustinere onus
gravius Ætna.

   Cato. Scipio et Læli,
videmini admirari rem
sane haud difficilem.
Omnis ætas est gravis
iis quibus nihil opis
est in ipsis
ad vivendum bene beateque:
nihil autem,
quod necessitas naturæ
afferat,
potest videri malum
iis qui petunt omnia bona
a se ipsis.
Senectus est in primis
in quo genere,

s'étonnant auprès de lui,
de ce qu'il supporte la vieillesse
si aisément,
et lui leur répondant.
S'il semblera (semble) parler
avec-plus-d'art
que lui-même *n*'a eu-coutume
dans ses livres,
attribuez-*le* aux lettres grecques,
dont il est-connu
lui avoir été très-épris
dans *sa* vieillesse.
Mais qu'est-il besoin *de dire* davantage?
Bientôt en effet
le discours de Caton lui-même
exposera
tout notre (mon) sentiment
sur la vieillesse.

   II. 4. Scipion. J'ai-l'habitude
d'admirer souvent
avec ce C. Lélius *ici présent*,
votre sagesse, M. Caton,
supérieure et parfaite
soit de (pour) toutes-les-autres choses,
soit même surtout,
parce que jamais je n'ai remarqué
la vieillesse
être lourde pour vous;
elle qui est si odieuse
à la plupart des vieillards
qu'ils disent eux soutenir un poids
plus lourd que l'Etna.

   Caton. Scipion et Lélius,
vous *me* paraissez admirer une chose
assurément non difficile.
Tout âge est lourd
à ceux à qui rien de (aucune) ressource
n'est en eux-mêmes
pour vivre bien et heureusement :
rien au contraire,
de ce que la nécessité de la nature
apporte,
ne peut paraître un mal
à ceux qui tirent tous leurs biens
d'eux-mêmes.
La vieillesse est dans les premiers *objets*
en ce genre,

cantur, omnes optant, eamdem accusant adeptam : tanta est
stultitiæ inconstantia atque perversitas ! Obrepere aiunt eam
citius, quam putavissent. Primum , quis coegit eos falsum pu-
tare ? Quid enim ? citius adolescentiæ senectus, quam pueritiæ
adolescentia obrepit ? Deinde, qui minus gravis esset iis senectus, si octingentesimum annum agerent, quam octogesimum ? Præterita enim ætas, quamvis longa, quum effluxisset,
nulla consolatione permulcere posset stultam senectutem.

5. Quocirca si sapientiam meam admirari soletis, (quæ
utinam digna esset opinione vestra nostroque cognomine.!)
in hoc sumus sapientes, quod naturam optimam ducem, tanquam Deum, sequimur, eique paremus : a qua non verisimile
est, quum ceteræ partes ætatis bene descriptæ sint, extremum actum, tanquam ab inerti poeta, esse neglectum. Sed
tamen necesse fuit, esse aliquid extremum, et, tanquam in
arborum baccis terræque frugibus, maturitate tempestiva

vieillesse; à laquelle tout le monde veut arriver et qu'on accuse quand
on y est parvenu : tant est grande l'inconstance des hommes et leur
folle injustice ! C'est, vous diront-ils, qu'elle arrive furtivement et
plus vite qu'on n'avait pensé. Mais d'abord qui les a forcés de faire un
faux calcul ? Eh quoi ! la vieillesse se glisse-t-elle à la place de la jeunesse, plus vite que la jeunesse à celle de l'enfance ? Et puis la vieillesse leur serait-elle moins à charge à l'âge de huit cents ans qu'à
celui de quatre-vingts ? Le temps passé, quelle qu'en soit la durée,
ne peut, une fois écoulé, donner aucune consolation à un vieillard
insensé.

5. Si donc vous admirez ma sagesse, (et plût aux Dieux qu'elle
méritât l'estime que vous en faites et le surnom qu'on nous donne !)
sachez qu'elle consiste à suivre la nature, le meilleur des guides, et
à lui obéir comme à un Dieu : car il n'est pas vraisemblable qu'après
avoir si bien réglé les autres actes de la vie, elle en ait, comme un
mauvais poëte, négligé le dernier. Il fallait bien pourtant que la vie
eût son terme et que parvenue à sa maturité, comme les fruits et les
autres productions de la terre, elle s'amollît et se détachât de l'arbre,

quam omnes optant	laquelle tous souhaitent
ut adipiscantur,	qu'ils puissent atteindre,
accusant eamdem adeptam:	et accusent la même une fois atteinte :
tanta est inconstantia	si-grande est l'inconstance
atque perversitas stultitiæ!	et le travers de leur sottise !
Aiunt eam obrepere	Ils disent elle se glisser
citius quam putavissent.	plus vite qu'ils n'avaient cru.
Primum quis coegit eos	D'abord qui les a forcés
putare falsum ?	de penser une chose fausse ?
Quid enim ?	Quoi donc ?
Senectus	La vieillesse
obrepit adolescentiæ	se glisse-t-elle après la jeunesse
citius quam adolescentia	plus vite que la jeunesse
pueritiæ ?	après l'enfance ?
Deinde, qui senectus	Ensuite, comment la vieillesse
esset minus gravis iis,	serait-elle moins lourde pour eux,
si agerent annum	s'ils passaient (vivaient) l'année
octingentesimum,	huit-centième,
quam octogesimum ?	que s'ils passaient la quatre-vingtième ?
Ætas enim præterita,	En effet l'âge écoulé,
quamvis longa,	quoique long,
quum effluxisset,	lorsqu'il serait passé,
posset permulcere	ne pourrait adoucir
nulla consolatione	par aucune consolation
senectutem stultam.	une vieillesse insensée.
5. Quocirca, si soletis	5. Aussi, si vous avez-coutume
admirari meam sapientiam,	d'admirer ma sagesse,
(utinam quæ esset digna	(et plût-aux-Dieux qu'elle fût digne
vestra opinione	de votre opinion
nostroque cognomine !)	et de notre (mon) surnom !)
sumus sapientes in hoc	nous sommes sages en cela
quod sequimur naturam,	que nous suivons la nature,
optimam ducem,	le meilleur guide,
tanquam Deum,	comme un Dieu,
paremusque ei :	et que nous lui obéissons :
a qua non est verisimile,	par laquelle il n'est pas vraisemblable,
quum ceteræ partes ætatis	lorsque toutes-les-autres parties de l'âge
descriptæ sint bene,	ont été réglées bien,
extremum actum	le dernier acte
neglectum esse,	avoir été négligé.
tanquam a poeta inerti.	comme par un poëte sans art.
Sed tamen fuit necesse	Mais cependant il a été nécessaire
aliquid extremum esse,	quelque chose de final être,
et quasi vietum et caducum	et comme mou et prêt-à-tomber
maturitate tempestiva,	par une maturité de-saison,
tanquam in baccis arborum	comme dans les baies des arbres
frugibusque terræ :	et les productions de la terre :

quasi vietum et caducum : quod ferendum est molliter sapienti. Quid est enim aliud Gigantum modo bellare cum Diis,
nisi naturæ repugnare?

6. LÆLIUS. Atqui, Cato, gratissimum nobis, ut etiam pro
Scipione pollicear, feceris, si, quoniam speramus, volumus
quidem certe, senes fieri, ante multo a te didicerimus, quibus
facillime rationibus ingravescentem ætatem ferre possimus.
CATO. Faciam vero, Læli; præsertim si utrique vestrum, ut
dicis, gratum futurum est. LÆLIUS. Volumus sane, nisi molestum est, Cato, tanquam longam aliquam viam confeceris,
quam nobis quoque ingrediendum sit, istuc, quo pervenisti,
videre, quale sit.

III. 7. CATO. Faciam ut potero, Læli. Sæpe enim interfui
querelis meorum æqualium (*pares* autem [1], veteri proverbio,
cum paribus facillime congregantur), quæ C. Salinator, quæ
Sp. Albinus [2], homines consulares, nostri fere æquales, deplorare solebant : tum quod voluptatibus carerent, sine quibus

pour ainsi dire. Le sage doit supporter cette nécessité sans résistance.
Combattre les lois de la nature, n'est-ce pas, comme les Géants, faire
la guerre aux Dieux?

6. LÉLIUS. Eh bien, Caton, vous pouvez nous faire un très-grand
plaisir, à Scipion et à moi, car je m'engage sans crainte pour lui :
comme nous avons l'espoir ou du moins le désir de parvenir à la
vieillesse, enseignez-nous, longtemps à l'avance, les moyens de supporter le plus facilement possible le poids des années. CATON. Je
le ferai volontiers, Lélius, surtout si, comme vous le dites, vous
devez y trouver tous deux du plaisir. LÉLIUS. Si ce n'est point
trop exiger de vous, Caton, nous souhaitons vivement que vous, qui
avez parcouru, en quelque sorte, une longue route, dans laquelle
nous devons aussi entrer, vous nous fassiez connaître les lieux où
vous êtes arrivé.

III. 7. CATON. Je le ferai, Lélius, du mieux que je le pourrai.
J'ai souvent entendu les plaintes de ceux de mon âge (car, selon un
vieux proverbe, qui se ressemble s'assemble); j'ai entendu C. Salinator, Sp. Albinus, personnages consulaires, gémir, tantôt de ce
qu'ils étaient privés des plaisirs, sans lesquels, disaient-ils, la vie

quod est ferendum molliter sapienti.

ce qui doit être supporté sans-résistance par le sage.

Bellare enim cum Diis modo Gigantum, quid est aliud, nisi repugnare naturæ?

En effet lutter contre les Dieux à la manière des Géants, qu'est-ce autre chose, sinon résister à la nature?

6. LÆLIUS. Atqui, Cato, feceris gratissimum nobis, ut pollicear etiam pro Scipione, si, quoniam speramus, volumus quidem certe fieri senes, didicerimus a te multo ante quibus rationibus possimus ferre facillime ætatem ingravescentem.

6. LÉLIUS. Eh bien! Caton, vous aurez fait une chose très-agréable à afin que je promette [nous, aussi pour Scipion, si, puisque nous espérons, *que* nous voulons du moins certes devenir vieux, nous avons appris de vous beaucoup par quels moyens [d'avance nous pourrons supporter le plus aisément l'âge qui s'appesantit.

CATO. Faciam vero, Læli; præsertim si futurum est gratum utrique vestrum, ut dicis.

CATON. Je *le* ferai vraiment, Lélius; surtout si *cela* doit être agréable à l'un-et-à-l'autre de vous, comme vous dites.

LÆLIUS. Volumus sane, Cato, nisi est molestum, tanquam confeceris aliquam longam viam, quam ingrediendum sit nobis quoque, videre quale sit istuc, quo pervenisti.

LÉLIUS. Nous voulons assurément, Caton, si *la chose* ne *vous* est pas désagréable, comme si vous aviez fait une longue route, qu'il *nous* faille entreprendre à nous aussi, voir de-quelle-nature est cet *endroit*, où vous êtes parvenu.

III. 7. CATO.
Faciam ut potero, Læli. Sæpe enim interfui querelis meorum æqualium (pares autem, veteri proverbio, congregantur facillime cum paribus), quæ C. Salinator, quæ Sp. Albinus, homines consulares, fere nostri æquales, solebant deplorare: tum quod carerent voluptatibus,

III. 7. CATON.
Je *le* ferai comme je pourrai, Lélius. Souvent en effet j'ai assisté aux plaintes de mes égaux-en-âge (car les pareils, d'après un vieux proverbe, s'assemblent très-aisément avec *leurs* pareils), *entendant* ce que C. Salinator, ce que Sp. Albinus, personnages consulaires, presque nos contemporains, avaient-coutume de déplorer: et qu'ils manquaient (étaient privés) de plaisirs,

vitam nullam putarent ; tum quod spernerentur ab iis, a quibus essent coli soliti. Qui mihi non id videbantur accusare, quod esset accusandum. Nam, si id culpa senectutis accideret, eadem mihi usu venirent, reliquisque omnibus majoribus natu ; quorum ego multorum cognovi senectutem sine querela : qui se et libidinum vinculis laxatos esse non moleste ferrent, nec a suis despicerentur. Sed omnium istiusmodi querelarum in moribus est culpa, non in ætate. Moderati enim, et nec difficiles, nec inhumani senes tolerabilem senectutem agunt : importunitas autem et inhumanitas omni ætati molesta est.

8. LÆLIUS. Est, ut dicis, Cato. Sed fortasse dixerit quispiam, tibi propter opes et copias et dignitatem tuam tolerabiliorem senectutem videri ; id autem non posse multis contingere. CATO. Est istuc quidem, Læli, aliquid ; sed nequaquam

n'est rien ; tantôt de ce qu'ils se voyaient dédaignés par ceux dont ils étaient accoutumés à recevoir les hommages. Mais il me semble que leurs accusations portaient à faux. Car s'il fallait imputer leurs peines à la vieillesse, l'âge me les aurait apportées aussi bien qu'aux autres vieillards : or j'en ai connu beaucoup qui ne se plaignaient pas, qui ne souffraient pas de se voir délivrés du joug des passions, et qui n'étaient point méprisés par leurs amis. La véritable cause de toutes ces plaintes, c'est le caractère et non l'âge. Les vieillards modérés, dont le caractère est facile et doux, supportent sans peine la vieillesse ; mais un esprit difficile et chagrin est malheureux à tout âge.

8. LÉLIUS. C'est vrai, Caton. Mais on dira peut-être que ce qui vous rend la vieillesse supportable, c'est votre crédit, ce sont vos richesses, les honneurs dont vous jouissez, avantages qui ne peuvent appartenir à tout le monde. CATON. Oui, Lélius, ce que vous dites est bien quelque chose, mais ce n'est pas tout : témoin cette ré-

sine quibus — sans lesquels
putarent vitam nullam; — ils trouvaient la vie nulle;
tum quod spernerentur — et qu'ils étaient dédaignés
ab iis — par ceux
a quibus soliti essent — par lesquels ils avaient eu-coutume
coli. — d'être honorés.
Qui videbantur mihi — Lesquels me semblaient
non accusare — ne pas accuser
id quod esset accusandum. — ce qui était à-accuser.
Nam, si id accideret — Car, si cela arrivait
culpa senectutis, — par la faute de la vieillesse,
eadem usu venirent — les mêmes choses arriveraient
mihi omnibusque reliquis — à moi et à tous les autres
majoribus natu; — plus anciens par l'âge;
quorum multorum — desquels en-grand-nombre
ego cognovi senectutem — moi j'ai connu la vieillesse
sine querela : — sans plainte :
qui et ferrent non moleste — qui et supportaient non avec (sans) peine
se laxatos — eux-mêmes *être* détachés
vinculis libidinum, — des liens des passions,
nec despicerentur a suis. — et n'étaient pas dédaignés des leurs.
Sed culpa — Mais la faute
omnium querelarum — de toutes les plaintes
istiusmodi — de ce genre
est in moribus, — est dans les mœurs,
non in ætate. — non dans l'âge.
Senes enim moderati — En effet les vieillards modérés
et nec difficiles — et ni difficiles
nec inhumani — ni sans-aménité
agunt senectutem — passent une vieillesse
tolerabilem : — supportable :
importunitas autem — mais le caractère-difficile
et inhumanitas — et l'humeur-chagrine
est molesta omni ætati. — est à-charge à tout âge.

  8. LÆLIUS. Est, — 8. LÉLIUS. *Cela* est,
ut dicis, Cato. — comme vous dites, Caton.
Sed fortasse quispiam — Mais peut-être quelqu'un
dixerit senectutem — pourrait-dire la vieillesse
videri tibi tolerabiliorem — vous sembler plus facile-à-supporter,
propter opes et copias — à cause de *votre* crédit et de *vos* richesses
et tuam dignitatem; — et de votre rang;
id autem non posse — mais cela ne pas pouvoir
contingere multis. — échoir à beaucoup.
  CATO. Istuc — CATON. Cela
est quidem aliquid, — est bien quelque chose,
Læli, sed omnia — Lélius, mais tout
sunt nequaquam in isto : — *n'*est nullement en cela :

in isto sunt omnia : ut Themistocles fertur Seriphio [1] cuidam
in jurgio respondisse, quum ille dixisset, non eum sua, sed
patriæ gloria splendorem assecutum : *Nec hercule, inquit, si
ego Seriphius essem, nobilis, nec tu, si Atheniensis esses, clarus
unquam fuisses.* Quod eodem modo de senectute dici potest.
Nec enim in summa inopia levis esse senectus potest, ne
sapienti quidem : nec insipienti etiam in summa copia non
gravis.

9. Aptissima omnino sunt, Scipio et Læli, arma senectutis
artes exercitationesque virtutum, quæ, in omni ætate cultæ,
quum multum diuque vixeris, mirificos efferunt fructus, non
solum quia nunquam deserunt, ne extremo quidem tempore
ætatis (quanquam id maximum est), verum etiam, quia conscientia bene actæ vitæ multorumque bene factorum recorda-
tio jucundissima est.

IV. 10. Ego Q. Maximum [2] (eum, qui Tarentum recepit),
adolescens ita dilexi senem, ut æqualem. Erat enim in illo viro
comitate condita gravitas, nec senectus mores mutaverat :

ponse que Thémistocle fit, dit-on, à un habitant de l'île de Sériphe qui,
dans une querelle, lui avait dit que c'était à la gloire de sa patrie,
et non à la sienne, qu'il devait sa célébrité : « Oui certes, si j'étais
de l'île de Sériphe, je serais resté inconnu ; mais toi, si tu étais d'A-
thènes, tu n'en serais pas pour cela devenu plus illustre. » On peut
en dire autant de la vieillesse. Dans une extrême pauvreté, la vieillesse ne peut être légère, même pour le sage ; elle est toujours pénible,
même au sein de l'opulence, pour celui qui ne l'est pas.

9. Les armes les plus convenables pour la vieillesse, Scipion et Lélius, ce sont les lettres et la pratique des vertus : cultivées à tout âge,
elles produisent, sur la fin d'une vie longue et bien remplie, des fruits
merveilleux, non-seulement parce qu'elles ne nous font jamais défaut,
même à nos derniers jours (ce qui est déjà une grande consolation),
mais aussi parce que la plus douce des jouissances est la conscience
d'une vie honorablement passée et le souvenir de nos bonnes actions.

IV. 10. Dans ma jeunesse, j'aimai, comme s'il avait mon âge, le
vieux Q. Fabius Maximus, celui qui reprit Tarente. Il y avait dans
ce grand homme un heureux mélange de gravité et de douceur, et les

ut Themistocles
fertur respondisse
cuidam Seriphio,
in jurgio,
quum ille dixisset [tration
eum assecutum splendorem
non sua gloria, sed patriæ :
« Hercule, inquit, nec ego
si essem Seriphius,
nobilis,
nec tu, si esses Atheniensis,
fuisses unquam clarus. »
Quod potest dici eodem mo-
de senectute. [do
Nec enim senectus
in summa inopia'
potest esse levis,
ne sapienti quidem :
nec non gravis insipienti
etiam in summa copia.
9. Scipio et Læli,
arma senectutis
omnino aptissima
sunt artes
exercitationesque virtutum,
quæ, cultæ in omni ætate,
quum vixeris
multum diuque,
efferunt fructus mirificos,
non solum
quia deserunt nunquam,
ne extremo quidem tempore
ætatis
(quanquam id est
maximum),
verum etiam quia
conscientia vitæ bene actæ
recordatioque
multorum bene factorum
est jucundissima.
IV. 10. Ego adolescens
dilexi Q. Maximum senem
(eum qui recepit Tarentum),
ita ut æqualem.
Gravitas enim
condita comitate
erat in illo viro,

comme Thémistocle
est rapporté avoir répondu
à un *homme* de Sériphe,
dans une querelle,
lorsque celui-ci eut dit
lui (Thémistocle) *avoir* acquis de l'illus-
non par sa gloire, mais *par celle de sa* patrie:
« Par Hercule, dit-il, ni moi,
si j'étais Sériphien,
je n'aurais été connu,
ni toi, si tu étais Athénien,
tu n'aurais jamais été illustre. »
Ce qui peut se dire de la même façon
de la vieillesse.
En effet ni la vieillesse
dans une extrême indigence
ne peut être légère,
pas même pour le sage :
ni *ne* pas *être* lourde pour le sot
même dans la plus grande abondance.
9. Scipion et Lélius,
les armes de la vieillesse
tout-à-fait les plus convenables
sont les lettres
et la pratique des vertus,
lesquelles, cultivées à tout âge,
lorsque vous aurez vécu
beaucoup et longtemps,
produisent des fruits merveilleux,
non-seulement [mais,
parce qu'elles *ne nous* abandonnent ja-
pas même au dernier temps
de l'âge (de la vie)
(quoique ce soit
une bien-grande *consolation*),
mais encore parce que
la conscience d'une vie bien passée
et le souvenir
de beaucoup de choses bien faites (de
est très-agréable. [bonnes actions)
IV. 10. Moi, *étant* jeune homme,
j'ai aimé Q. Maximus vieillard
(celui qui reprit Tarente),
comme un de-mon-âge.
En effet une gravité
assaisonnée d'aménité
était en cet homme,

quanquam eum colere cœpi non admodum grandem natu, sed tamen jam ætate provectum. Anno enim post consul primum fuerat, quam ego natus sum : cumque eo quartum consule adolescentulus miles ad Capuam profectus sum, quintoque anno post ad Tarentum. Quæstor deinde quadriennio post factus sum, quem magistratum gessi consulibus Tuditano et Cethego[1] ; quum quidem ille, admodum senex, suasor legis Cinciæ[2] de donis et muneribus fuit. Hic et bella gerebat, ut adolescens, quum plane grandis esset, et Annibalem juveniliter exsultantem patientia sua molliebat : de quo præclare familiaris noster Ennius :

> Unus homo nobis cunctando restituit rem :
> Non enim rumores ponebat ante salutem.
> Ergo postque magisque viri nunc gloria claret.

11. Tarentum vero qua vigilantia, quo consilio recepit! quum quidem, me audiente, Salinatori[3], qui, amisso oppido,

années n'avaient point changé son caractère. Quand je commençai à le cultiver, il n'avait pas encore atteint l'extrême vieillesse, mais il était déjà avancé en âge. Il avait été consul pour la première fois un an après ma naissance, et lors de son quatrième consulat j'allai, presque enfant, faire sous lui mes premières armes au siége de Capoue ; cinq ans après je le suivis à celui de Tarente. Quatre ans plus tard je fus nommé questeur et j'exerçai cette magistrature sous le consulat de Tuditanus et de Céthégus, alors que Fabius, déjà extrêmement vieux, parla en faveur de la loi Cincia sur les dons et les présents. Malgré son grand âge, il faisait encore la guerre comme un jeune homme, et par sa patience amortissait la fougue juvénile d'Annibal. C'est de lui que notre Ennius a si bien dit : « Un seul homme, en temporisant, a rétabli nos affaires ; car il ne sacrifiait point aux rumeurs du vulgaire le salut de l'État. Aussi sa gloire brille après lui et grandit tous les jours. »

11. Et de quelle activité, de quelle prudence il fit preuve lorsqu'il reprit Tarente! Un jour, en ma présence, Salinator, qui, après avoir perdu la ville, s'était réfugié dans la citadelle, disait, d'un air

nec senectus	et la vieillesse
mutaverat mores :	n'avait pas changé *son* caractère :
quanquam	toutefois
cœpi colere eum	je commençai à le cultiver
non admodum grandem	non tout à fait grand par l'âge (vieux),
sed tamen [natu,	mais cependant
jam provectum ætate.	déjà avancé en âge. [fois
Fuerat enim consul primum	Car il avait été consul pour-la-première-
anno postquam	un an après que
ego natus sum :	moi je fus né :
et adolescentulus miles	et tout-jeune soldat
profectus sum ad Capuam	je partis pour Capoue
cùm eo consule quartum,	avec lui consul pour-la-quatrième-fois,
et quinto anno post	et la cinquième année après
ad Tarentum.	pour Tarente.
Deinde factus sum quæstor	Ensuite je fus fait questeur
quadriennio post,	quatre-ans après,
magistratum quem gessi,	magistrature que je gérai,
Tuditano et Cethego	Tuditanus et Céthégus
consulibus ;	*étant* consuls ;
quum quidem	lorsque même
ille admodum senex	lui très-âgé
fuit suasor legis Cinciæ	fut conseiller de (appuya) la loi Cincia
de donis et muneribus.	sur les dons et les présents.
Hic et gerebat bella	Celui-ci et faisait les guerres
ut adolescens,	comme un jeune homme,
quum esset plane grandis,	quoiqu'il fût tout à fait vieux,
et molliebat sua patientia	et amollissait (domptait) par sa patience
Annibalem exsultantem	Annibal qui se livrait-à-sa-fougue
juveniliter :	en-jeune-homme :
noster familiaris Ennius	notre ami Ennius
præclare de quo :	*a dit* très-bien de lui :
« Unus homo	« Un seul homme
restituit rem nobis	a rétabli les affaires pour nous
cunctando :	en temporisant : [peuple
non enim ponebat rumores	en effet il ne mettait pas les rumeurs *du*
ante salutem.	avant le salut *de Rome*.
Ergo nunc	Aussi maintenant
gloria viri claret	la gloire du héros brille
postque magisque. »	et après *lui* et de plus en plus. »
11. Qua vero vigilantia,	11. Vraiment avec quelle vigilance,
quo consilio	avec quelle sagesse
recepit Tarentum !	il reprit Tarente !
Quum quidem,	Lorsque même,
me audiente,	moi entendant,
Salinatori,	*il dit* à Salinator,
qui, oppido amisso,	qui, la ville perdue,

fugerat in arcem, glorianti atque ita dicenti : *Mea opera, Q. Fabi, Tarentum recepisti. — Certe,* inquit ridens, *nam nisi tu amisisses, nunquam recepissem.* Nec vero in armis præstantior, quam in toga ; qui consul iterum, Sp. Carvilio collega quiescente, C. Flaminio tribuno plebis, quoad potuit, restitit, agrum Picenum et Gallicum [1] viritim contra senatus auctoritatem dividenti : augurque quum esset, dicere ausus est, optimis auspiciis ea geri, quæ pro reipublicæ salute gererentur ; quæ contra rempublicam ferrentur, contra auspicia ferri.

12. Multa in eo viro præclara cognovi ; sed nihil est admirabilius, quam quomodo ille mortem filii tulit, clari viri et consularis. Est in manibus laudatio [2] : quam quum legimus, quem philosophum non contemnimus ? Nec vero ille in luce modo atque in oculis civium magnus, sed intus domique præstantior. Qui sermo ! quæ præcepta ! quanta notitia antiqui-

glorieux : « C'est à moi, Fabius, que vous devez d'avoir repris Tarente. — Oui, certes, reprit celui-ci en souriant, si vous ne l'aviez perdue, je ne l'aurais pas reprise. » Et il ne se distingua pas moins sous la toge que sous les armes. Consul pour la seconde fois, tandis que Sp. Carvilius, son collègue, gardait le silence, il résista de toutes ses forces au tribun du peuple C. Flaminius, qui, au mépris de l'autorité du sénat, partageait par tête, aux citoyens, le territoire de la Gaule et celui du Picénum ; étant augure, il osa dire que les auspices étaient toujours favorables, quand on agissait dans l'intérêt de la république, et toujours contraires, quand on agissait contre elle.

12. Je pourrais citer de cet homme bien des traits remarquables, mais je ne sais rien de plus admirable que le courage avec lequel il supporta la mort de son fils, homme déjà illustre et personnage consulaire. L'éloge qu'il en fit est entre vos mains : quand on le lit, comme on trouve misérables les discours des philosophes ! Ce n'était pas seulement en public et sous les yeux de ses concitoyens que Fabius était grand ; il l'était plus encore dans son intérieur, dans sa propre maison. Quelle conversation ! quelles maximes ! quelle connaissance de l'antiquité ! quelle science du droit augural ! Il avait

fugerat in arcem,	avait fui dans la citadelle,
glorianti atque dicenti ita :	se glorifiant et disant ainsi :
« Q. Fabi,	« Q. Fabius,
recepisti Tarentum	vous avez repris Tarente
mea opera.	par mon fait.
— Certe, inquit ridens,	— Assurément, dit-il en riant,
nam nisi tu amisisses,	car si vous ne *l'*aviez perdue,
nunquam recepissem. »	jamais je ne *l'*aurais reprise. »
Nec vero præstantior	Et vraiment *il n'était* pas plus remarquable
in armis quam in toga ;	sous les armes que sous la toge ;
qui consul iterum,	*lui* qui consul pour-la-seconde-fois,
Sp. Carvilio collega	Sp. Carvilius, *son* collègue,
quiescente,	restant-inactif,
restitit, quoad potuit,	résista, autant qu'il put,
C. Flaminio,	à C. Flaminius,
tribuno plebis,	tribun du peuple,
dividenti viritim	partageant par-tête
contra auctoritatem	contre la volonté
senatus	du sénat
agrum Picenum	le territoire du-Picénum
et Gallicum :	et de-la-Gaule :
quumque esset augur,	et lorsqu'il était augure,
ausus est dicere,	il osa dire
ea quæ gererentur	les choses qui se faisaient
pro salute reipublicæ,	pour le salut de la république,
geri auspiciis optimis ;	se faire sous les auspices les meilleurs ;
quæ ferrentur	celles qui se décidaient
contra rempublicam,	contre la république,
ferri contra auspicia.	se décider contre les auspices.
12. Cognovi	12. J'ai connu
multa præclara	beaucoup de beaux *traits*
in eo viro ;	dans cet homme ;
sed nihil est admirabilius	mais rien n'est plus admirable
quam quomodo ille tulit	que comment il supporta
mortem filii,	la mort de son fils,
viri clari et consularis.	personnage illustre et consulaire.
Laudatio est in manibus :	L'éloge *qu'il prononça* est dans *nos* mains :
quum legimus quam,	quand nous le lisons,
quem philosophum	quel philosophe
non contemnimus ?	ne méprisons-nous pas ?
Nec vero	Et vraiment
ille magnus modo in luce	il n'*était* pas grand seulement au jour
atque in oculis civium,	et sous les yeux de *ses* concitoyens,
sed præstantior	mais plus remarquable
intus et domi.	à l'intérieur et chez lui.
Qui sermo ! quæ præcepta !	Quel langage ! quels préceptes !
quanta notitia antiquitatis !	quelle connaissance de l'antiquité !

tatis ! quæ scientia juris augurii! Multæ etiam, ut in homine
Romano, litteræ. Omnia memoria tenebat, non domestica
solum, sed etiam externa bella. Cujus sermone ita tum cupide
fruebar, quasi jam divinarem, id quod evenit, illo exstincto,
fore, unde discerem, neminem.

V. 13. Quorsum igitur hæc tam multa de Maximo ? Quia
profecto videtis, nefas esse dictu, miseram fuisse talem senectutem. Nec tamen omnes possunt esse Scipiones aut Maximi,
ut urbium expugnationes, ut pedestres navalesve pugnas, ut
bella a se gesta, ut triumphos recordentur. Est etiam quiete et
pure et eleganter actæ ætatis placida ac lenis senectus : qualem accepimus Platonis, qui uno et octogesimo anno scribens
est mortuus [1]; qualem Isocratis, qui eum librum, qui Panathenaïcus [2] inscribitur, quarto et nonagesimo anno scripsisse se
dicit, vixitque quinquennium postea : cujus magister Leonti-

___

même beaucoup de littérature pour un Romain. Il savait par cœur
toutes les guerres, domestiques et étrangères. Je jouissais de sa conversation avec autant d'avidité que si j'avais déjà pressenti ce qui
est arrivé, qu'après lui, je n'aurais plus personne auprès de qui je
pusse m'instruire.

V. 13. Mais pourquoi vous ai-je tant parlé de Fabius? c'est pour
vous faire bien comprendre que ce serait une impiété d'appeler mal-
heureuse une telle vieillesse. Je sais bien que tous les hommes ne
peuvent pas être des Scipion et des Maximus, pour avoir à se rappeler
des prises de villes, des victoires sur terre et sur mer, des guerres et
des triomphes ; mais une vie calme, digne et pure, est suivie d'une
vieillesse paisible et douce : telle fut, à ce qu'on nous apprend, celle
de Platon, qui mourut en écrivant, à quatre-vingt et un ans ; telle fut
celle d'Isocrate, qui nous dit avoir composé le livre intitulé *Panathénaïque* à l'âge de quatre-vingt-quatorze ans et vécut cinq ans encore ;
le maître de ce dernier, Gorgias de Léontium, atteignit sa cent sep-

quæ scientia juris augurii!	quelle science du droit augural!
Multæ etiam litteræ,	Beaucoup même de littérature,
ut in homine Romano.	en-tant que chez un homme romain.
Tenebat memoria	Il possédait par la mémoire (savait par
omnia bella	toutes les guerres [cœur)
non solum domestica,	non-seulement nationales,
sed etiam externa.	mais encore étrangères.
Fruebar tum sermone cujus	Je jouissais alors de la conversation de lui
ita cupide,	si avidement
quasi jam divinarem,	que-si déjà je devinais,
id quod evenit,	ce qui est arrivé,
neminem fore,	personne ne devoir être,
unde discerem,	d'où (de qui) j'apprisse,
illo exstincto.	lui étant (quand il serait) mort.
V. 13. Quorsum igitur	V. 13. *Mais* dans-quel-but donc
hæc tam multa de Maximo?	ces *détails* si nombreux sur Maximus?
Quia videtis profecto	Parce que vous voyez *par là* sans doute
esse nefas dictu,	n'être pas-permis de dire
talem senectutem	une telle vieillesse
fuisse miseram.	avoir été malheureuse.
Nec tamen omnes possunt	Et cependant tous ne peuvent pas
esse Scipiones aut Maximi,	être des Scipion ou des Maximus,
ut recordentur	pour qu'ils aient-à-se-rappeler
expugnationes urbium,	des prises de villes,
ut	pour qu'*ils aient à se rappeler*
pugnas pedestres	des combats de-pied (de terre)
navalesve,	ou de-vaisseaux (de mer),
ut	pour qu'*ils aient à se rappeler*
bella gesta a se,	des guerres faites par eux,
ut	pour qu'*ils aient à se rappeler*
triumphos.	des triomphes. [lement
Senectus ætatis actæ quiete	La vieillesse d'une vie passée tranquil-
et pure et eleganter,	et avec-pureté et avec-dignité,
est etiam placida ac lenis:	est aussi paisible et douce:
qualem accepimus	*telle* que nous avons appris
Platonis,	*avoir été celle* de Platon,
qui mortuus est scribens	qui mourut en composant
octogesimo et uno anno;	dans *sa* quatre-vingt et unième année;
qualem Isocratis,	*telle* que *celle* d'Isocrate,
qui dicit se scripsisse	qui dit lui-même avoir composé
eum librum, qui inscribitur	cet ouvrage, qui est-intitulé
Panathenaïcus,	Panathénaïque,
nonagesimo et quarto anno,	dans *sa* quatre-vingt-quatorzième année,
vixitque postea	et vécut après-cela
quinquennium:	un espace-de-cinq-ans:
cujus magister	*lui* dont le maître
Gorgias Leontinus	Gorgias de-Léontium

nus Gorgias [1] centum et septem complevit annos; neque unquam in suo studio atque opere cessavit. Qui, quum ex eo
quæreretur, cur tandiu vellet esse in vita : *Nihil habeo*, inquit,
quod accusem senectutem. Præclarum responsum et docto hŏ-
mine dignum!

14. Sua enim vitia insipientes et suam culpam in senectutem conferunt. Quod non faciebat is, cujus modo mentionem
feci, Ennius :

> Sicut fortis equus, spatio qui sæpe supremo
> Vicit Olympia, nunc senio confectu' quiescit.

Equi fortis et victoris senecluti comparat suam : quem quidem
probe meminisse potestis. Anno enim undevicesimo post ejus
mortem hi consules, T. Flamininus et M'. Acilius, facti sunt :
ille autem Cæpione, et Philippo iterum, consulibus, mortuus est :
quum ego quidem, v et LX annos natus, legem Voconiam [2]
voce magna et bonis lateribus suasissem. Annos LXX natus
(tot enim vixit Ennius) ita ferebat duo, quæ maxima putantur

tième année, sans avoir un seul instant cessé d'étudier et de travailler.
Comme on lui demandait quel plaisir il trouvait à vivre si long-
temps : « Je n'ai, dit-il, aucun motif de me plaindre de la vieillesse. »
Belle réponse et bien digne d'un homme éclairé.

14. Les insensés rejettent sur la vieillesse leurs défauts et leurs
vices. Ce n'est pas ainsi qu'agissait cet Ennius, dont j'ai parlé tout
à l'heure, « semblable au coursier généreux qui souvent triompha
dans les plaines d'Olympie, et maintenant, chargé d'années, achève
en repos ses derniers jours. » Ennius compare sa vieillesse à celle du
coursier généreux et vainqueur : et vous pouvez très-bien vous la
rappeler, car c'est seulement dix-neuf ans après sa mort que les
consuls actuels T. Flamininus et Man. Acilius furent nommés. Pour
lui, il est mort sous le consulat de Cépion et de Philippe, celui-ci
étant consul pour la seconde fois : moi j'avais alors soixante-cinq
ans et je venais de soutenir la loi Voconia d'une voix encore assez
forte et avec d'assez bons poumons. A l'âge de soixante-dix ans (car
il en vécut tout autant), Ennius supportait si facilement, qu'on eût

complevit	accomplit
centum et septem annos;	cent et sept ans;
neque cessavit unquam	et ne s'interrompit jamais
in-suo studio atque opere.	dans ses études et *ses* travaux.
Qui,	*Gorgias* qui,
quum quæreretur ex eo,	comme on demandait à lui,
cur vellet	pourquoi il voulait
esse tandiu in vita :	être si longtemps en vie :
« Habeo nihil, inquit,	« Je *n*'ai rien, dit-il,
quod accusem senectutem.»	dont je puisse-accuser la vieillesse. »
Responsum præclarum	Réponse belle
et dignum homine docto !	et digne d'un homme éclairé !
14. Insipientes enim	14. Les sots en effet
conferunt in senectutem	attribuent à la vieillesse
sua vitia et suam culpam.	leurs défauts et leur faute.
Quod non faciebat	Ce que ne faisait point
is Ennius,	cet Ennius,
cujus feci mentionem	dont j'ai fait mention
modo :	à l'instant :
« sicut fortis equus,	« comme le généreux coursier,
qui sæpe vicit Olympia	qui souvent a gagné les prix-olympiques
spatio supremo,	à l'espace (au stade) extrême,
nunc quiescit	aujourd'hui se repose
confectus senio. »	accablé de vieillesse. »
Comparat suam	Il compare sa *vieillesse*
senectuti equi	à la vieillesse du coursier
fortis et victoris :	généreux et vainqueur :
quem potestis quidem probe	*lui* dont vous pouvez vraiment très-bien
meminisse.	vous souvenir.
Undevicesimo enim anno	La dix-neuvième année en effet
post mortem ejus,	après sa mort,
hi consules facti sunt,	ces consuls *que nous avons* ont été créés,
T. Flamininus	T. Flamininus
et M'. Acilius :	et Manius Acilius :
ille autem mortuus est,	pour lui il mourut,
Cæpione,	Cépion,
et Philippo iterum,	et Philippe pour-la-seconde-fois,
consulibus :	*étant* consuls ;
quum ego quidem,	à-l'époque-où moi-même,
natus	âgé
sexaginta et quinque annos,	de soixante et cinq ans,
suasissem legem Voconiam	je venais-de-soutenir la loi Voconia
voce magna	avec une voix forte
et bonis lateribus.	et de bons poumons.
Natus septuaginta annos	Agé de soixante-dix ans
(Ennius enim vixit tot),	(car Ennius *en* vécut tout-autant),
ferebat duo,	il supportait deux choses;

onera, paupertatem et senectutem, ut eis pæne delectari videretur.

15. Etenim, quum contemplor animo, reperio quatuor cau-
sas, cur senectus misera videatur : unam, quod avocet a rebus gerendis; alteram, quod corpus faciat infirmius; tertiam,
quod privet omnibus fere voluptatibus; quartam, quod haud
procul absit a morte. Earum, si placet, causarum quanta
quamque sit justa unaquæque, videamus.

VI. A rebus gerendis senectus abstrahit? — Quibus? An iis,
quæ geruntur juventute et viribus? Nullæne igitur res sunt
seniles, quæ, vel infirmis corporibus, animo tamen admini-
strentur? Nihil ergo agebat Q. Maximus? nihil L. Paullus [1],
pater tuus, Scipio, socer optimi viri, filii mei [2]? Ceteri senes,
Fabricii, Curii, Coruncanii [3], quum rempublicam consilio et
auctoritate defendebant, nihil agebant?

dit qu'il en était heureux, deux choses qui, pourtant, sont regardées
comme très-lourdes, la vieillesse et la pauvreté.

15. En y réfléchissant, je trouve qu'il y a quatre causes qui font
paraître la vieillesse misérable : la première, qu'elle nous éloigne des
affaires; la seconde, qu'elle affaiblit le corps; la troisième, qu'elle
nous prive de presque tous les plaisirs; la quatrième, qu'elle est voisine de la mort. Examinons, s'il vous plaît, chacune de ces causes, et
voyons si elle a quelque importance ou quelque fondement.

VI. La vieillesse nous éloigne des affaires? — Desquelles? de celles
qui demandent de la jeunesse et des forces? Mais n'est-il pas des
affaires qui sont le propre de la vieillesse et que l'esprit seul dirige,
malgré la faiblesse du corps? Fabius Maximus ne faisait-il rien, non
plus que Paul Émile, votre père, Scipion, et le beau-père de Marcus,
mon excellent fils? Et tous les autres vieillards, les Fabricius, les
Curius, les Coruncanius, ne faisaient-ils rien quand ils soutenaient
la république de leur sagesse et de leur autorité?

quæ putantur	qui sont regardées-comme
maxima onera,	les plus grands fardeaux,
paupertatem et senectutem,	la pauvreté et la vieillesse,
ita ut videretur	de-façon qu'il semblait
pæne delectari eis.	presque être charmé d'elles.
15. Etenim,	15. En effet,
quum contemplor animo,	quand j'examine par la pensée,
reperio quatuor causas,	je trouve quatre motifs,
cur senectus	pour-lesquels la vieillesse
videatur misera :	semble malheureuse :
unam, quod avocet	l'un, qu'elle écarte
a rebus gerendis ;	des affaires devant être administrées ;
alteram,	le second,
quod faciat corpus	qu'elle rend le corps
infirmius ;	plus faible ;
tertiam, quod privet	le troisième, qu'elle prive
fere omnibus voluptatibus;	de presque tous les plaisirs ;
quartam, quod absit	le quatrième, qu'elle est-distante
haud procul a morte.	non de loin de la mort.
Videamus, si placet,	Voyons, si *cela vous* plaît,
quanta quamque justa	combien-grand et combien juste
sit unaquæque	est chacun
earum causarum.	de ces motifs.
VI. Senectus abstrahit	VI. La vieillesse écarte
a rebus gerendis ?	des affaires devant être administrées ?
— Quibus ?	— Desquelles ?
An iis quæ geruntur	Est-ce de celles qui se font
juventute et viribus ?	avec de la jeunesse et des forces ?
Suntne igitur nullæ res	N'est-il donc point d'affaires
seniles, quæ,	propres-aux-vieillards, lesquelles
vel corporibus infirmis,	même les corps *étant* faibles,
administrentur tamen	soient administrées cependant
animo ?	par l'esprit ?
Ergo Q. Maximus	Ainsi Q. Maximus
agebat nihil ?	*ne faisait rien ?*
L. Paullus,	L. Paulus,
tuus pater, Scipio,	votre père, *ó* Scipion,
socer viri optimi,	beau-père de l'homme le meilleur;
mei filii,	de mon fils,
nihil ?	*ne faisait* rien ?
Ceteri senes,	Tous-les-autres vieillards
Fabricii, Curii,	les Fabricius, les Curius,
Coruncanii,	les Coruncanius,
agebant nihil,	*ne* faisaient rien,
quum defendebant	quand ils défendaient
rempublicam	la république
consilio et auctoritate ?	par *leur* sagesse et *leur* autorité ?

46. Ad Appii Claudii [1] senectutem accedebat etiam, ut cæcus esset : tamen is, quum sententia senatus inclinaret ad pacem cum Pyrrho fœdusque faciendum, non dubitavit dicere illa, quæ versibus persecutus est Ennius :

> Quo vobis mentes, rectæ quæ stare solebant
> Antehac, dementes sese flexere viai ?

ceteraque gravissime : notum enim vobis carmen est ; et tamen ipsius Appii exstat oratio. Atque hæc ille egit septem et decem annis post alterum consulatum, quum inter duos consulatus anni decem interfuissent : ex quo intelligitur, Pyrrhi bello grandem sane fuisse : et tamen sic a patribus accepimus.

47. Nihil igitur afferunt, qui in re gerenda versari senectutem negant, similesque sunt, ut si qui gubernatorem in navigando nihil agere dicant, quum alii malos scandant, alii per foros cursent, alii sentinam exhauriant : ille [autem] clavum tenens,

16. Appius Claudius était vieux, et de plus il était aveugle ; cependant, comme le sénat inclinait à la paix et voulait traiter avec Pyrrhus, il n'hésita pas à prononcer ces belles paroles qu'Ennius nous a conservées dans ses vers : « Où se sont égarés vos esprits, si fermes autrefois dans le chemin de l'honneur ? » Le reste est de la même énergie : vous connaissez tous le poëme, et d'ailleurs nous avons encore le discours d'Appius. Or, il prononça ces paroles dix-sept ans après son second consulat ; dix années s'étaient écoulées entre le premier et le second, et avant d'être consul il avait été censeur : d'où l'on doit conclure qu'il était fort âgé du temps de la guerre de Pyrrhus, et c'est en effet ce que nos pères nous ont appris.

17. Ils n'apportent donc aucune bonne raison, ceux qui soutiennent que la vieillesse est impropre aux affaires ; ils ressemblent à ceux qui diraient que dans un vaisseau un pilote ne fait rien parce qu'il reste tranquillement assis à la barre, tandis que les uns montent aux mâts, que les autres manœuvrent sur le pont, que d'autres

16. Accedebat etiam	16. Il se joignait même
ad senectutem	à la vieillesse
Appii Claudii,	d'Appius Claudius
ut esset cæcus :	*cette circonstance,* qu'il était aveugle :
is tamen,	celui-ci cependant,
quum sententia senatus	lorsque l'avis du sénat
inclinaret ad pacem	penchait vers la paix
fœdusque faciendum	et *vers* un traité devant être conclu
cum Pyrrho,	avec Pyrrhus,
non dubitavit dicere	n'hésita pas à dire
illa quæ Ennius	ces *paroles* qu'Ennius
persecutus est versibus :	a exprimées en vers : [esprits,
« Quo viai mentes,	« Où du chemin (dans quel chemin) vos
quæ solebant stare rectæ	qui avaient coutume de rester droits
antehac,	auparavant,
dementes	tombés en démence
flexere sese vobis ? ».	se sont-ils égarés à vous ? »
ceteraque gravissime.	et tout le reste avec-la-plus-grande-force.
Carmen enim	Le poëme en effet
notum est vobis ;	vous est connu ;
et tamen	et d'ailleurs
oratio Appii ipsius exstat.	le discours d'Appius lui-même existe.
Atque ille egit hæc	Et il fit ces choses
septem et decem annis	sept et dix (dix-sept) ans
post alterum consulatum,	après *son* second consulat,
quum decem anni	lorsque dix années
interfuissent	avaient été-dans-l'intervalle
inter duos consulatus,	entre *ses* deux consulats,
et fuisset censor [tum :	et qu'il avait été censeur
ante superiorem consula-	avant *son* premier consulat :
ex quo intelligitur	d'où il se comprend
fuisse sane grandem	*lui* avoir été assurément très-âgé
bello Pyrrhi :	lors de la guerre de Pyrrhus :
et tamen	et d'ailleurs
accepimus sic a patribus.	nous *l'*avons appris ainsi de *nos* pères.
17. Igitur afferunt nihil,	17. Ils n'apportent donc rien *de con-*
qui negant	ceux qui nient [*cluant*
senectutem versari	la vieillesse s'occuper
in re gerenda,	aux affaires devant être administrées,
et sunt similes	et ils sont semblables [diraient)
ut si qui dicant	comme si des gens disaient (à des gens qui
gubernatorem nihil agere	le pilote ne rien faire
in navigando,	en naviguant,
quum alii scandant malos,	puisque les uns grimpent aux mâts,•
alii cursent per foros,	*que* les autres courent-çà-et-là sur le pont,
alii exhauriant sentinam :	*que* d'autres vident la sentine :
ille autem tenens clavum,	mais *que* lui tenant la barre

quietus sedeat in puppi. Non facit ea, quæ juvenes : at vero multo majora et meliora facit. Non viribus, aut velocitatibus, aut celeritate corporum res magnæ geruntur, sed consilio, auctoritate, sententia : quibus non modo non orbari, sed etiam augeri senectus solet.

18. Nisi forte ego vobis, qui et miles et tribunus et legatus et consul versatus sum in vario genere bellorum, cessare nunc videor, quum bella non gero. At senatui, quæ sint gerenda, præscribo, et quomodo : Carthagini, male jamdiu cogitanti, bellum multo ante denuntio [1] : de qua vereri non ante desinam, quam illam excisam esse cognovero.

19. Quam palmam utinam Dii immortales tibi, Scipio, reservent [2], ut avi reliquias persequare! Cujus a morte hic tertius et tricesimus est annus : sed memoriam illius viri excipient omnes anni consequentes. Anno ante me censorem mortuus est, novem annis post meum consulatum, quum consul iterum,

enfin vident la sentine. Le vieillard ne fait point ce que font les jeunes gens; mais il fait des choses bien plus grandes et meilleures. Ce n'est point par la force, la vitesse ou l'agilité du corps que se traitent les grandes affaires; mais par la sagesse, l'autorité, les bons conseils, toutes choses dont les vieillards, loin d'en être privés, sont au contraire plus abondamment pourvus.

18. Moi par exemple, qui comme soldat, tribun militaire, lieutenant et consul, ai fait toutes sortes de guerres, me trouvez-vous inactif, aujourd'hui que je n'en fais plus? Mais j'indique au sénat quand il faut faire la guerre, et comment il faut la faire. Depuis longtemps Carthage médite de sinistres projets : je lui ai déclaré la guerre longtemps à l'avance; car je ne cesserai de la craindre que quand je saurai qu'elle est détruite.

19. Puissent les Dieux immortels vous réserver cette palme, mon cher Scipion; puissiez vous achever l'ouvrage commencé par votre aïeul! Voici trente-trois ans qu'il est mort, mais sa mémoire vivra dans tous les siècles à venir. Il est mort l'année qui a précédé ma censure, neuf ans après mon consulat, et il avait été, cette année-

sedeat quietus in puppi.	est assis tranquille à la poupe.
Non facit ea quæ juvenes :	Il ne fait pas ce que *font* les jeunes :
at vero	mais vraiment
facit multo majora	il fait des choses beaucoup plus impor-
et meliora.	et meilleures. [tantes
Res magnæ geruntur	Les grandes choses se font
non viribus ,	non par la force ,
aut velocitatibus,	ou la vitesse,
aut celeritate corporum,	ou l'agilité du corps,
sed consilio, auctoritate,	mais par la sagesse, l'autorité,
sententia :	les *bons* avis :
quibus senectus solet	*toutes choses* dont la vieillesse a coutume
non modo non orbari ,	non-seulement de ne pas être privée,
sed etiam augeri.	maisencored'être pourvue-plus-abondam-
18. Nisi forte ego	18. A moins que peut-être moi [ment.
qui et miles et tribunus	qui et *comme* soldat et *comme* tribun
et legatus et consul	et *comme* lieutenant et *comme* consul
versatus sum	me suis trouvé
in vario genere bellorum,	dans divers genres de guerres,
videor vobis cessare nunc,.	je vous semble être-oisif aujourd'hui
quum non gero bella.	que je ne fais pas de guerres.
At præscribo senatui	Mais je prescris au sénat
quæ gerenda sint ,	ce qui doit être fait,
et quomodo :	et comment *il faut le faire* :
denuntio multo ante	je déclare beaucoup à l'avance
bellum Carthagini	la guerre à Carthage
cogitanti male	méditant mal (mal intentionnée)
jamdiu :	déjà-depuis-longtemps :
de qua	*Carthage* au sujet de laquelle
non desinam vereri	je ne cesserai pas de craindre,
antequam cognovero	avant que j'aie su
illam excisam. [tales	elle détruite.
19. Utinam Dii immor-	19. *Je souhaite* que les Dieux immortels
reservent quam palmam	réservent cette palme
tĭbi, Scipio,	à vous, Scipion,
ut persequare	que vous poursuiviez
reliquias avi !	les restes de (échappés à) *votre* aïeul !
A morte cujus	Depuis la mort duquel
hic annus	cette année [sième) :
est tertius et tricesimus :	est la troisième et trentième (trente-troi-
sed omnes anni consequen-	mais toutes les années suivantes
excipient memoriam [tes	recueilleront le souvenir
illius viri.	de ce-grand homme.
Mortuus est	Il est mort
anno ante me censorem,	une année avant moi censeur,
novem annis	neuf ans
post meum consulatum,	après mon consulat,

me consule, creatus esset. Num igitur, si ad centesimum annum vixisset, senectutis eum suæ pœniteret? Nec enim excursione, nec saltu, nec eminus hastis aut cominus gladiis uteretur, sed consilio, ratione, sententia. Quæ nisi essent in senibus, non summum consilium majores nostri appellassent senatum.

20. Apud Lacedæmonios quidem ii, qui amplissimum magistratum gerunt, ut sunt, sic etiam nominantur senes [1]. Quod si legere aut audire voletis externa, maximas respublicas ab adolescentibus labefactas, a senibus sustentatas et restitutas reperietis.

> Cedo, qui vestram rempublicam tantam amisistis tam cito?

Sic enim percontantur, ut est in Nævii Ludo [2]. Respondentur et alia, et hæc in primis :

> Proveniebant oratores novi, stulti, adolescentuli.

Temeritas est videlicet florentis ætatis, prudentia senescentis.

VII. 21. At memoria minuitur. — Credo, nisi eam exerceas,

---

là même, nommé consul pour la seconde fois. S'il avait vécu jusqu'à l'âge de cent ans, se serait-il plaint de sa vieillesse? Il n'aurait pu, sans doute, ni courir, ni sauter, ni combattre de loin avec le javelot ou de près avec l'épée, mais il aurait pu se servir de sa prudence, de sa sagesse, de son autorité. Si ces qualités n'existaient pas chez les vieillards, nos ancêtres auraient-ils appelé *sénat* le conseil suprême?

20. Chez les Lacédémoniens, les premiers magistrats sont appelés les *Anciens*, comme ils le sont en effet. Si vous voulez lire ou vous faire raconter les histoires étrangères, vous trouverez que les plus grands États ont été ruinés par les jeunes gens, soutenus et relevés par les vieillards. « Dites-moi, comment votre république si puissante, a-t-elle été sitôt détruite? » A cette question du *Ludus* de Névius, on fait, entr'autres réponses, celle-ci surtout : « Il se trouvait de nouveaux harangueurs, ignorants, et tout jeunes. » L'imprudence en effet est le caractère du jeune âge; la prudence, celui des vieillards.

VII. 21. Mais la mémoire s'affaiblit. — Oui, si vous ne l'exercez

quum creatus esset consul
iterum,
me consule.
Num igitur,
si vixisset
ad centesimum annum,
eum pœniteret
suæ senectutis?
Uteretur enim
nec excursione, nec saltu,
nec eminus hastis
aut cominus gladiis,
sed consilio,
ratione, sententia.
Nisi quæ essent
in senibus,
nostri majores
non appellassent senatum
consilium summum.

20. Apud Lacedæmonios
ii quidem qui gerunt
magistratum amplissimum
nominantur etiam senes
sic ut sunt.
Quòd si voletis
legere aut audire externa,
reperietis
maximas respublicas
labefactas
ab adolescentibus,
sustentatas et restitutas
a senibus. [cito
« Cedo, qui amisistis tam
vestram rempublicam
tantam? »
Sic enim percontantur,
ut est in Ludo Nævii.
Et alia respondentur,
et hæc in primis :
« Oratores novi,
stulti, adolescentuli,
proveniebant. »
Videlicet temeritas
est ætatis florentis,
prudentia senescentis.

VII. 21. At memoria
minuitur.

lorsqu'il avait été créé consul
pour-la-seconde-fois,
moi *étant* consul.
Est-ce que donc,
s'il avait vécu
jusqu'à la centième année,
il se repentirait (se plaindrait)
de sa vieillesse?
Il *n*'userait en effet
ni de la course, ni du saut,
ni de loin de la pique
ou de près du glaive,
mais de la sagesse,
de la raison, des *bons* avis.
Si ces *qualités* n'étaient point
dans les vieillards,
nos ancêtres
n'auraient point appelé sénat
le conseil suprême.

20. Chez les Lacédémoniens
ceux-là précisément qui gèrent
la magistrature la plus considérable
sont nommés aussi vieillards (les anciens)
ainsi qu'ils *le* sont.
Que si vous voudrez (voulez)
lire ou écouter les *histoires* étrangères,
vous trouverez
les plus grands États
ébranlés
par des jeunes-gens,
soutenus et rétablis
par des vieillards.
« Dites ! comment avez-vous perdu si vite
votre république
si-grande ? »
Car *c'est* ainsi qu'on interroge,
comme il y a dans le *Ludus* de Névius.
Et d'autres *motifs* sont donnés-dans-la-
et ceux-ci parmi les premiers : [réponse
« Des harangueurs nouveaux,
insensés, tout-jeunes,
se produisaient. »
C'est-qu'en-effet la témérité
est de (appartient à) l'âge en-sa-fleur,
la prudence de (à) *l'âge* vieillissant.

VII. 21. Mais la mémoire
diminue.

aut si sis naturâ tardior. Themistocles omnium civium perceperat nomina : num igitur censetis, eum, quum ætate processisset, qui Aristides esset, Lysimachum salutare solitum? Equidem non modo eos novi, qui sunt, sed eorum patres etiam et
avos. Nêc, sepulcra legens [1], vereor, quod aiunt, ne memoriam perdam : his enim ipsis legendis redeo in memoriam mortuorum. Nec vero quemquam senum audivi oblitum, quo loco
thesaurum obruisset [2]. Omnia, quæ curant, meminerunt : vadimonia constituta ; qui sibi, quibus ipsi debeant.

22. Quid jurisconsulti? quid pontifices? quid augures? quid
philosophi senes? quam multa meminerunt! Manent ingenia
senibus, modo permaneat studium et industria : nec ea solum
in claris et honoratis viris, sed in vita etiam privata et quieta.
Sophocles ad summam senectutem [3] tragœdias fecit. Quod
propter studium quum rem familiarem negligere videretur, a
filiis in judicium vocatus est, ut, quemadmodum nostro more

pas, ou si elle est naturellement paresseuse. Thémistocle savait le
nom de tous ses concitoyens. Croyez-vous donc que parvenu à la
vieillesse, il lui soit arrivé souvent de saluer Aristide du nom de
Lysimaque? Moi-même je connais non-seulement ceux de vos concitoyens qui sont aujourd'hui vivants, mais aussi leurs pères et
leurs grands-pères. Et je ne crains pas, malgré le proverbe, de perdre
la mémoire en lisant leurs épitaphes : cette lecture, au contraire,
me rappelle le souvenir de ceux qui ne sont plus. Jamais je n'ai entendu dire qu'un vieillard ait oublié l'endroit où il avait enfoui son
trésor. Ils se souviennent en effet de tout ce qui les intéresse, des
jours de comparution en justice, des noms de leurs débiteurs et de
leurs créanciers.

22. Et les jurisconsultes, les pontifes, les augures, les philosophes, que de choses retient leur mémoire, même dans un âge avancé!
Les vieillards conservent donc leur esprit, pourvu qu'ils conservent
le goût de l'étude et du travail, et cela est vrai, non-seulement dans
l'éclat de la gloire et des honneurs, mais aussi dans le calme de la
vie privée. Sophocle composa des tragédies jusque dans une extrême
vieillesse. Comme son goût pour la poésie paraissait lui faire négliger son patrimoine, ses fils le citèrent en justice et demandèrent aux

—Credo, nisi exerceas eam,
aut si sis tardior natura.
Themistocles perceperat
nomina omnium civium :
num igitur censetis ,
quum processisset ætate ,
solitum salutare
Lysimachum
eum qui esset Aristides ?
Equidem novi
non modo eos qui sunt,
sed etiam patres
et avos eorum.
Nec vereor legens sepulcra
ne perdam memoriam ,
quod aiunt :
redeo enim
in memoriam mortuorum
legendis his ipsis.
Nec vero audivi
quemquam senum oblitum
quo loco
obruisset thesaurum.
Meminerunt omnia
quæ curant :
vadimonia constituta :
qui debeant sibi ,
quibus ipsi.
22. Quid jurisconsulti ?
quid pontifices ?
quid augures ?
quid philosophi senes ?
quam multa meminerunt !
Ingenia manent senibus,
modo studium
et industria permaneat :
nec ea solum
in viris claris
et honoratis,
sed etiam in vita privata
et quieta.
Sophocles fecit tragœdias
ad summam senectutem.
Quum videretur
negligere rem familiarem
propter quod studium ,
vocatus est in jus a filiis,

— Je *le* crois, si vous ne l'exercez point ,
ou si vous êtes trop lent de nature.
Thémistocle avait appris
les noms de tous les citoyens :
est-ce que vous pensez donc,
lorsqu'il eut avancé en âge,
lui avoir eu-l'habitude de saluer
du nom de Lysimaque
celui qui était Aristide ?
Pour moi je connais
non-seulement ceux qui sont *vivants*,
mais encore les pères
et les aïeuls d'eux.
Et je ne crains pas en lisant les épitaphes
que je perde la mémoire,
ce que (mot que) l'on dit :
je reviens en effet
au souvenir des morts
en lisant ces mêmes *épitaphes*.
Et vraiment je n'ai pas entendu-dire
personne des gens-âgés avoir oublié ja- [mais
en quel lieu
il avait enfoui *son* trésor.
Ils se souviennent de toutes les choses
dont ils s'occupent-avec-soin :
des jours-de-comparution fixés :
quelles *personnes* leur doivent,
à qui *ils* doivent eux-mêmes.
22. Et les jurisconsultes ?
et les pontifes ?
et les augures ?
et les philosophes âgés ?
que de choses ils se rappellent !
L'intelligence reste aux vieillards,
pourvu que l'étude
et l'application *leur* reste :
et cela n'a pas *lieu* seulement
chez les hommes illustres
et honorés-de-charges,
mais aussi dans la vie privée
et paisible.
Sophocle composa des tragédies
jusqu'à *son* extrême vieillesse.
Comme il paraissait
négliger *son* bien de-famille
à cause de cette étude,
il fut appelé en justice par *ses* fils,

male rem gerentibus patribus bonis interdici solet, sic illum, quasi desipientem, a re familiari removerent judices. Tum senex dicitur eam fabulam, quam in manibus habebat et proxime scripserat, OEdipum Coloneum [1], recitasse judicibus, quæsisseque, num illud carmen desipientis videretur. Quo recitato, sententiis judicum est liberatus.

23. Num igitur hunc, num Homerum, num Hesiodum, num Simonidem, num Stesichorum, num, quos ante dixi, Isocratem, Gorgiam, num philosophorum principes, Pythagoram, Democritum, num Platonem, num Xenocratem, num postea Zenonem, Cleanthem, aut eum, quem vos etiam Romæ vidistis, Diogenem Stoïcum [2], coegit in suis studiis obmutescere senectus? an in omnibus his studiorum agitatio vitæ æqualis fuit?

24. Age, ut ista divina studia omittamus, possum nominare ex agro Sabino rusticos Romanos, vicinos et familiares meos,

juges qu'on lui ôtât l'administration de ses biens, comme chez nous on interdit les pères qui gouvernent mal leurs affaires; on dit qu'alors le vieillard lut aux juges cette belle pièce d'*OEdipe à Colone* qu'il venait de composer et à laquelle il travaillait encore, puis il leur demanda si ce poëme leur semblait être l'œuvre d'un fou : la lecture achevée, les juges le renvoyèrent absous.

23. Est-ce donc Sophocle, est-ce Homère, Hésiode, Simonide, Stésichore, ou bien ceux que j'ai déjà cités, Isocrate, Gorgias, ou les princes des philosophes, Pythagore, Démocrite, Platon, Xénocrate, et après eux Zénon, Cléanthe, ou enfin celui que vous-mêmes avez pu voir à Rome, Diogène le Stoïcien, que la vieillesse a forcés de mettre un terme à leurs études? Chez tous ces hommes remarquables l'ardeur pour l'étude n'a-t-elle pas duré au contraire autant que leur vie?

24. Mais sans parler de ces études divines, je puis nommer dans notre Sabine des agriculteurs romains, mes voisins et mes amis, qui

ut, quemadmodum solet	afin que, comme il est-d'usage
nostro more	dans notre droit
interdici bonis	l'interdiction-être-faite des biens
patribus	aux pères
gerentibus rem male,	qui gèrent mal *leur* fortune,
sic judices	de même les juges
removerent illum	l'éloignassent
quasi desipientem	comme dépourvu-de-sens
a re familiari.	de *la gestion de son* bien de-famille.
Tum senex dicitur	Alors le vieillard est dit
recitasse judicibus	avoir lu aux juges
eam fabulam	cette (la) pièce
quam habebat in manibus	qu'il avait entre les mains
et scripserat proxime,	et *qu'il* avait écrite depuis-peu,
OEdipum Coloneum,	OEdipe à-Colone,
quæsisseque	et avoir demandé
num illud carmen	si ce poëme
videretur desipientis.	semblait d'un *homme* dépourvu de-sens.
Quo recitato,	Lequel *poëme* lu,
liberatus est	il fut absous
sententiis judicum.	par la sentence des juges.
23. Num igitur senectus	23. Est-ce donc que la vieillesse
coegit hunc,	a forcé celui-ci (Sophocle),
num Homerum,	est-ce qu'*elle a forcé* Homère,
num Hesiodum,	est-ce qu'*elle a forcé* Hésiode,
num Simonidem,	est-ce qu'*elle a forcé* Simonide,
num Stesichorum,	est-ce qu'*elle a forcé* Stésichore,
num Isocratem, Gorgiam,	est-ce qu'*elle a forcé* Isocrate, Gorgias,
quos dixi ante,	que j'ai nommés auparavant,
num	est-ce qu'*elle a forcé*
principes philosophorum,	les princes des philosophes,
Pythagoram, Democritum,	Pythagore, Démocrite,
num Platonem,	est-ce qu'*elle a forcé* Platon,
num Xenocratem,	est-ce qu'*elle a forcé* Xénocrate,
num postea Zenonem,	est-ce qu'*elle a forcé* plus tard Zénon,
Cleanthem,	Cléanthe,
aut eum Diogenem Stoïcum,	ou ce Diogène le stoïcien,
quem vos etiam	que vous aussi
vidistis Romæ,	vous avez vu à Rome,
obmutescere in suis studiis?	à rester-muets dans leurs études?
an in omnibus his	ou bien chez tous ces *hommes*
agitatio studiorum	la pratique des études
fuit æqualis vitæ?	a-t-elle été égale à *leur* vie? [de-côté
24. Age, ut omittamus	24. Eh bien! pour que nous laissions
ista studia divina,	ces études divines,
possum nominare	je puis nommer
rusticos Romanos	des agriculteurs romains

quibus absentibus, nunquam fere ulla in agro majora opera
fiunt, non serendis, non percipiendis, non condendis fructibus.
Quanquam in illis minus hoc mirum; nemo enim est tam senex,
qui se annum non putet posse vivere : sed iidem in eis ela-
borant, quæ sciunt nihil omnino ad se pertinere :

> Serit arbores, quæ alteri sæculo prosient [1],

ut ait Statius [2] noster in *Synephebis*.

25. Nec vero dubitet agricola, quamvis senex, quærenti,
cui serat, respondere : « Diis immortalibus, qui me non accipere
modo hæc a majoribus voluerunt, sed etiam posteris prodere. »

VIII. Melius Cæcilius de sene alteri sæculo prospiciente,
quam illud idem :

> Ædepol, senectus, si nihil quidquam aliud viti
> Apportes tecum, quum advenis ; unum id sat est,
> Quod, diu vivendo, multa, quæ non vult, videt.

Et multa fortasse, quæ vult ! atque in ea quidem, quæ non

ne souffrent jamais qu'en leur absence aucun travail important se
fasse sur leurs terres, qu'on s'occupe soit de faire les semailles, soit
de récolter ou de serrer les grains. Ceci peut-être n'a rien d'étonnant : car il n'est personne, si vieux qu'il soit, qui ne pense pouvoir
vivre encore un an ; mais ces mêmes vieillards s'occupent de choses
dont ils savent parfaitement qu'ils ne recueilleront point les fruits :
tel est le vieillard dont notre ami Cécilius parle dans les *Synéphè-
bes* : « Il plante des arbres, mais pour ceux d'un autre âge. »

25. Aussi un laboureur, quelque vieux qu'il soit, n'hésite point
à répondre, si on lui demande pour qui il plante : « Pour les Dieux
immortels, qui ont voulu non-seulement que je reçusse ces biens de
mes ancêtres, mais encore que je les transmisse à mes descendants. »

VIII. Quand Cécilius parlait de ce vieillard qui songe à un autre
âge, il avait bien plus raison que dans cet autre endroit où il
dit : « Par les Dieux, ô vieillesse, quand même aucun autre incon-
vénient ne viendrait à ta suite, c'en est un bien grand, qu'en nous
faisant vivre longtemps, tu nous fasses voir bien des choses qui
nous attristent. » Et peut-être aussi bien des choses qui nous réjouissent ! D'ailleurs la jeunesse elle-même court souvent la chance

ex agro Sabino,	du territoire de-la-Sabine,
meos vicinos et familiares,	mes voisins et *mes* amis,
quibus absentibus,	lesquels étant-absents,
fere nunquam	presque jamais
ulla opera majora	aucuns travaux importants
fiunt in agro,	*ne* se font dans les champs,
non fructibus serendis	ni pour *les fruits* à-semer
non percipiendis,	ni pour les fruits à-recueillir,
non condendis.	ni pour *les fruits* à-serrer.
Quanquam	Toutefois
hoc minus mirum in illis ;	cela *est* moins surprenant chez eux ;
nemo enim est tam senex,	aucun-homme en effet n'est si vieux,
qui non putet	qui ne pense
se posse vivere annum :	lui pouvoir vivre une année :
sed iidem elaborant in eis,	mais les mêmes travaillent à ces choses,
quæ sciunt pertinere ad se	qu'ils savent *n*'avoir-rapport à eux
nihil omnino :	en rien absolument :
« Serit arbores	« Il sème des arbres [vante, »
quæ prosient sæculo alteri, »	qui puissent servir à la *génération* sui-
ut ait noster Statius	comme dit notre *Cécilius* Statius
in Synephebis.	dans les Synéphèbes.
25. Nec vero agricola	25. Et vraiment l'agriculteur
dubitet	n'hésiterait (n'hésitera) point,
quamvis senex, respondere	quoique vieux, à répondre
quærenti cui serat :	à qui *lui* demande pour qui il sème :
« Diis immortalibus,	« Pour les Dieux immortels,
qui voluerunt	qui ont voulu
me non modo accipere hæc	moi non-seulement recevoir ces *biens*
a majoribus,	de *mes* ancêtres,
sed etiam prodere	mais encore *les* transmettre
posteris. »	à *mes* descendants. »
VIII. Cæcilius melius	VIII. Cécilius *a mieux parlé*
de sene prospiciente	d'un vieillard prévoyant
sæculo alteri,	pour la génération suivante
quam idem illud :	que le même *poëte quand il a dit* ceci :
« Ædepol, senectus,	« Par-Pollux, ô vieillesse,
si apportes tecum	si tu *n*'apportais avec toi
nihil quidquam aliud viti,	rien autre chose de mal,
quum advenis,	quand tu arrives,
id unum est sat,	cela seul est assez,
quod vivendo diu	qu'en vivant longtemps
videt multa	*le vieillard* voit beaucoup de choses
quæ non vult. »	qu'il ne veut pas. »
Et fortasse	Et peut-être *il voit aussi*
multa quæ vult !	bien des choses qu'il désire !
atque sæpe	et souvent
etiam adolescentia	même la jeunesse

vult, sæpe etiam adolescentia incurrit. Illud vero idem Cæcilius vitiosius :　　　　　　　　　　　　　　　　　　　　　　　　．

> Tum equidem in senecta hoc deputo miserrimum,
> Sentire, ea ætate esse se odiosum alteri.

26. Jucundum potius, quam odiosum. Ut enim adolescentibus bona indole præditis sapientes senes delectantur, levior-
que fit eorum senectus, qui a juventute coluntur et diliguntur,
sic adolescentes senum præceptis gaudent, quibus ad virtutum
studia ducuntur. Nec minus intelligo me vobis, quam vos mihi
esse jucundos. Sed videtis, ut senectus non modo languida
atque iners non sit, verum etiam sit operosa et semper agens
aliquid et moliens ; tale scilicet, quale cujusque studium in superiore vita fuit. Quid, quod etiam addiscunt aliquid? ut Solonem versibus gloriantem videmus, qui *se, quotidie aliquid
addiscentem* [1], dicit senem fieri : ut ego feci, qui Græcas litteras senex didici; quas quidem sic avide arripui, quasi diu-

de voir des choses qui ne lui plaisent guère. Mais Cécilius a encore
bien plus tort dans cet autre passage : « Ce que je trouve de plus
déplorable dans la vieillesse, c'est de sentir qu'à cet âge on déplaît
à tout le monde. »

26. Mais la vieillesse est bien plutôt aimable que déplaisante. Et
de même que les sages vieillards recherchent la société des jeunes
gens doués d'un bon naturel, et que l'amitié et les respects de la
jeunesse rendent leur vieillesse plus légère, de même les jeunes gens
recherchent avec plaisir les conseils des vieillards qui leur inspirent
le goût de la vertu. Je sens bien, par exemple, que je ne vous suis
pas moins agréable que vous ne l'êtes à moi-même. Vous voyez
donc que la vieillesse, loin d'être inactive et languissante, est au
contraire laborieuse, agissant toujours et revenant avec plaisir aux
occupations de sa vie passée. Bien plus, elle peut encore s'instruire ;
ainsi nous voyons Solon se glorifier dans ses vers de vieillir en apprenant tous les jours quelque chose ; ainsi moi-même j'ai appris,
dans ma vieillesse, les lettres grecques, et je me suis livré à cette
étude avec toute l'ardeur d'un homme qui cherche à étancher une

incurrit in ea quidem
quæ non vult.
Idem vero Cæcilius
illud vitiosius :
« Tum equidem deputo
hoc miserrimum
in senecta,
sentire
se esse odiosum alteri
ea ætate. »
   26. Jucundum
potius quam odiosum.
Ut enim sapientes senes
delectantur adolescentibus
præditis bona indole,
et senectus eorum,
qui coluntur
et diliguntur a juventute,
fit levior,
sic adolescentes
gaudent præceptis senum,
quibus ducuntur
ad studia virtutum.
Et intelligo
me non esse minus vobis
quam vos jucundos mihi.
Sed videtis ut senectus
non modo non sit languida
atque iners,
verum etiam sit operosa
et semper agens
et moliens aliquid ;
tale scilicet
quale fuit studium cujusque
in vitâ superiore.
Quid, quod
addiscunt etiam aliquid ?
ut videmus Solonem
gloriantem versibus,
qui dicit se fieri senem
addiscentem aliquid
quotidie ;
ut ego feci, qui senex
didici litteras Græcas ;
quas quidem
arripui sic avide,
quasi cupiens explere

tombe sur (rencontre) ces choses précisé-
qu'elle ne désire pas.   [ment
Vraiment le même Cécilius   [fausse :
a dit ce-qui-suit d'une-manière-plus-
« Alors de plus moi je pense
ceci *être* le plus malheureux
dans la vieillesse,
de sentir
soi être désagréable à autrui
dans cet âge. »
   26. Agréable
plutôt que désagréable.
De même en effet que les sages vieillards
sont charmés par (aiment) les jeunes-
doués d'un bon naturel,   [gens
et *que* la vieillesse de ceux
qui sont honorés
et *qui* sont chéris par la jeunesse,
devient plus légère,
de même les jeunes-gens [des vieillards,
se réjouissent des (aiment les) préceptes
par lesquels ils sont conduits
au goût des vertus.
Et je comprends
moi ne pas *être* moins *agréable* à vous
que vous agréables à moi.
Mais vous voyez comme la vieillesse
non-seulement n'est pas languissante
et (ni) inerte,
mais même est active
et toujours faisant
et préparant quelque chose ;
chose telle sans doute
que fut l'occupation de chacun
dans la vie antérieure.
Que *dire de ceci* que (bien plus)
ils apprennent encore quelque chose ?
comme nous voyons Solon
se glorifiant dans *ses* vers,
Solon qui dit lui devenir vieux
en apprenant quelque chose *de plus*
tous-les-jours :
comme moi j'ai fait, qui *étant* vieux
ai appris les lettres grecques ;
lesquelles vraiment
j'ai dévorées si avidement,
que si désirant (je désirais) étancher

turnam sitim explere cupiens, ut ea ipsa mihi nota essent, quibus me nunc exemplis uti videtis. Quod quum fecisse Socratem in fidibus audirem, vellem equidem etiam illud (discebant enim fidibus antiqui) : sed in litteris certe elaboravi.

IX. 27. Nec nunc quidem vires desidero adolescentis (is enim erat locus alter de vitiis senectutis), non plus, quam adolescens tauri aut elephanti desiderabam. Quod est, eo decet uti, et, quidquid agas, agere pro viribus. Quæ enim vox potest esse contemptior, quam Milonis Crotoniatæ? qui, quum jam senex esset, athletasque se exercentes in curriculo videret, adspexisse lacertos suos dicitur, illacrimansque dixisse : *At hi quidem mortui jam sunt.* Non vero tam isti, quam tu ipse, nugator ! Neque enim ex te unquam es nobilitatus, sed ex lateribus et lacertis tuis. Nihil Sex. Ælius [1] tale, nihil multis annis ante Tib. Coruncanius, nihil modo P. Crassus [2], a quibus jura civi-

---

longue soif, tant j'étais impatient de connaître ces belles maximes que je vous cite aujourd'hui en exemple. Quand j'ai su que Socrate avait de même appris à jouer de la lyre, j'aurais voulu le faire aussi à l'imitation des anciens; mais du moins, je me suis appliqué tout entier à l'étude des lettres.

IX. 27. Pour en venir au second reproche qu'on fait à la vieillesse, je vous assure qu'aujourd'hui je ne désire pas plus les forces d'un jeune homme, que dans ma jeunesse je ne désirais celles d'un taureau ou d'un éléphant. Le plus sage est d'user de ce qu'on a, et d'agir en tout selon ses forces. Qu'y a-t-il en effet de plus méprisable que cette parole de Milon de Crotone, qui, déjà avancé en âge et voyant un jour des athlètes s'exercer au milieu de la carrière, se mit à regarder ses bras et s'écria tout en larmes : « Hélas! ceux-ci sont déjà morts! » Ils le sont moins que toi-même, fou que tu es! car ce n'est pas à toi que tu dois ta célébrité, c'est à tes muscles et à tes reins. Ce n'était point là le langage de Sex. Elius, ni celui de Tib. Coruncanius, qui vivait longtemps avant Elius, ou de P. Crassus notre contemporain : ces hommes, que leurs concitoyens regardaient

diuturnam sitim,	une longue soif,
ut ea ipsa quibus videtis	afin que ces *traits* même dont vous voyez
me uti nunc	moi me servir aujourd'hui
exemplis	*comme* d'exemples
nota essent mihi.	me fussent connus.
Quum audirem	Comme j'entendais-dire
Socratem fecisse quod	Socrate avoir fait cela
in fidibus,	pour la lyre,
equidem vellem illud etiam	moi j'aurais *bien* voulu le *faire* aussi
(antiqui enim	(les anciens en effet
discebant fidibus) :	apprenaient la lyre) :
sed certe	mais du moins
elaboravi in litteris.	j'ai bien-travaillé dans la littérature.
IX. 27. Nec nunc quidem	IX.27. Ni maintenant en vérité
desidero vires adolescentis	je ne désire les forces de jeune-homme
(is enim erat alter locus	(tel était en effet le second point
de vitiis senectutis),	touchant les défauts de la vieillesse),
non plus, quam adolescens	pas plus qu'*étant* jeune-homme
desiderabam tauri	je *ne* désirais *les forces* d'un taureau
aut elephanti.	ou d'un éléphant.
Decet	Il convient
uti eo quod est,	d'user de ce qui est (de ce qu'on a),
et quidquid agas,	et quoi que vous fassiez,
agere pro viribus.	d'agir selon *vos* forces.
Quæ vox enim	Quelle parole en effet
potest esse contemptior	peut être plus méprisable
quam Milonis Crotoniatæ?	que *celle* de Milon de-Crotone?
qui, quum esset jam senex,	qui, comme il était déjà vieux,
et videret athletas	et voyait les athlètes
se exercentes in curriculo,	s'exerçant dans la carrière,
dicitur	est dit
adspexisse suos lacertos,	avoir regardé ses bras,
illacrimansque dixisse :	et pleurant avoir dit :
« At hi jam mortui sunt. »	« Mais ceux-ci déjà sont morts. »
Non vero tam isti	Non vraiment pas tant ces (tes) *bras*
quam tu ipse,	que toi-même,
nugator !	homme-frivole !
Neque unquam enim	Et jamais en effet
nobilitatus es ex te,	tu n'as été rendu-fameux par toi-même,
sed ex tuis lateribus	mais par tes flancs
et lacertis.	et *tes* bras.
Sex. Ælius nihil tale,	Sex. Elius *n'a dit* rien de tel,
Tib. Coruncanius nihil tale	Tib. Coruncanius *n'a dit* rien de tel
multis annis ante,	*lui qui a vécu* beaucoup d'années auparavant,
modo P. Crassus	tout-récemment P. Crassus [vant,
nihil,	*n'a rien dit de tel*,
a quibus jura	*ces hommes* par qui les règles-du-droit

bus præscribebantur : quorum usque ad extremum spiritum est provecta prudentia.

28. Orator, metuo, ne languescat senectute. Est enim munus ejus non ingenii solum, sed laterum etiam et virium. Omnino canorum illud in voce splendescit etiam, nescio quo pacto, in senectute : quod equidem adhuc non amisi; et videtis annos. Sed tamen decorus est sermo senis, quietus et remissus; facitque persæpe ipsa sibi audientiam diserti senis compta et mitis oratio. Quam si ipse exsequi nequeas, possis tamen Scipioni præcipere et Lælio. Quid enim jucundius senectute, stipata studiis juventutis?

29. An ne eas quidem vires senectuti relinquemus, ut adolescentulos doceat, instituat, ad omne officii munus instruat? Quo quidem opere quid potest esse præclarius? Mihi vero Cn. et P. Scipiones et avi tui duo, L. Æmilius et P. Africanus, comitatu nobilium juvenum fortunati videbantur. Nec ulli bona-

comme les oracles du droit, se distinguèrent par leur sagesse jusqu'à leur dernier jour.

28. Quant à l'orateur, je crains qu'il ne faiblisse en vieillissant : car l'éloquence ne demande pas seulement du génie, il lui faut encore des poumons et des forces. Quelquefois cependant, je ne sais par quel privilége, la voix conserve tout son éclat jusque dans la vieillesse : moi-même je ne l'ai pas encore perdue, et vous savez mon âge. Il y a d'ailleurs quelque chose d'imposant dans la voix calme et grave d'un vieillard, et s'il sait manier la parole, sa diction douce et polie le fait facilement écouter. Et quand même il ne pourrait obtenir ce succès, il peut du moins instruire Scipion et Lélius. Quoi de plus aimable qu'un vieillard entouré de jeunes gens empressés et studieux!

29. Refuserait-on aussi à la vieillesse les forces nécessaires pour élever et instruire les jeunes gens, pour les former à leurs devoirs? Or, qu'y a-t-il de plus noble que de telles fonctions? J'enviais le bonheur des deux Scipions, de Cnéius et de Publius, et de vos deux aïeuls, Paul Émile et l'Africain, lorsque je les voyais suivis du cor-

præscribebantur civibus : étaient données aux citoyens :
quorum prudentia *eux* dont la sagesse
provecta est [tum. a été prolongée
usque ad extremum spiri- jusqu'à *leur* dernier soupir.

28. Orator, metuo 28. *Pour* l'orateur, je crains
ne languescat senectute. qu'il ne faiblisse dans la vieillesse.
Munus enim ejus Son office en effet
non est solum ingenii, n'est pas seulement *l'office* du génie,
sed etiam laterum mais aussi de la poitrine
et virium. et des forces.
Illud omnino canorum Cette *qualité* tout à fait sonore
in voce dans la voix
splendescit etiam, a-son-éclat aussi,
nescio quo pacto, je ne sais de quelle manière,
in senectute : dans la vieillesse :
quod equidem *qualité* que pour moi
non amisi adhuc ; je n'ai pas perdue encore ;
et videtis annos. et vous voyez *mes* années.
Sed tamen sermo senis, Mais cependant la parole d'un vieillard,
quietus et remissus, calme et posée,
est decorus ; est bienséante ;
et oratio compta et mitis et le discours poli et doux,
senis diserti, d'un vieillard qui–parle-bien,
persæpe très-souvent
facit ipsa sibi audientiam. se fait lui-même *prêter* attention.
Quam si ipse Auquel *discours* si vous-même
nequeas exsequi, ne-pouvez atteindre,
possis tamen vous pourriez cependant
præcipere Scipioni et Lælio. donner-des-préceptes à Scipion et à Lélius.
Quid enim jucundius Quoi en effet de plus agréable
senectute que la vieillesse [nesse?
stipata studiis juventutis ? entourée de l'empressement de la jeu-

29. An ne relinquemus 29. N'accorderons-nous pas même
senectuti [quidem à la vieillesse
eas vires de telles forces (des forces suffisantes)
ut doceat adolescentulos, pour-qu'elle enseigne les jeunes-gens,
instituat, instruat *les* dresse, *les* forme
ad omne munus officii ? à toute charge du devoir ?
Quo opere Au prix de laquelle tâche vraiment
quid potest esse que peut-il y avoir
præclarius ? de plus beau ?
Cn. vero et P. Scipiones Mais Cn. et P. Scipion
et tui duo avi, et vos deux aïeuls,
L. Æmilius et P. Africanus, L. Emilius et P. l'Africain,
videbantur mihi fortunati me paraissaient heureux
comitatu du cortége
juvenum nobilium. des jeunes-gens nobles.

rum artium magistri non beati putandi, quamvis consenuerint
vires atque defecerint. Etsi ista ipsa defectio virium adolescentiæ vitiis efficitur sæpius, quam senectutis : libidinosa enim
et intemperans adolescentia effetum corpus tradit senectuti.

30. Cyrus quidem apud Xenophontem [1] eo sermone, quem
moriens habuit, quum admodum senex esset, negat se unquam
sensisse, senectutem suam imbecilliorem factam, quàm adolescentia fuisset. Ego L. Metellum [2] memini puer (qui quum quadriennio post alterum consulatum pontifex maximus factus
esset, viginti et duos annos ei sacerdotio præfuit) ita bonis esse
viribus extremo tempore ætatis ut adolescentiam non requireret. Nihil necesse est mihi, de me ipso dicere : quanquam est
id quidem senile ætatique nostræ conceditur.

X. 31. Videtisne, ut apud Homerum sæpissime Nestor de
virtutibus suis prædicet? Tertiam enim jam ætatem hominum [3] vivebat; nec erat ei verendum, ne, vera de se prædi-

tége de la jeune noblesse. De même, je ne saurais m'empêcher de
regarder comme heureux tous ceux qui ont le bonheur d'enseigner
la sagesse, quelle que soit d'ailleurs leur vieillesse et l'affaiblissement
de leurs forces. Cet affaiblissement même vient plus souvent des vices
de la jeunesse, qu'il n'est l'effet du temps : une jeunesse intempérante
et débauchée ne transmet à la vieillesse qu'un corps épuisé.

30. On lit dans Xénophon un discours où Cyrus, mourant à un
âge très-avancé, déclare qu'il ne s'est jamais aperçu qu'il eût moins
de forces dans sa vieillesse que dans sa jeunesse. Je me souviens
d'avoir vu, dans mon enfance, L. Métellus, celui qui, quatre ans
après son second consulat, fut nommé grand pontife, et exerça ce
sacerdoce pendant vingt-deux ans : au dernier temps de sa vie il
avait si bien conservé ses forces, qu'il ne regrettait pas sa jeunesse.
Il n'est pas nécessaire que je parle ici de moi-même, bien que ce soit
l'habitude des vieillards et qu'on le pardonne à notre âge.

X. 31. Voyez-vous comme dans Homère Nestor vante souvent ses
vertus? C'est qu'il avait déjà vécu pendant trois générations, et qu'il pouvait faire de lui-même un éloge véritable, sans crainte de passer pour

Nec ulli magistri
bonarum artium
putandi non beati,
quamvis vires consenuerint
atque defecerint.
Etsi
ista defectio ipsa virium
efficitur sæpius
vitiis adolescentiæ
quam senectutis.
Adolescentia enim
libidinosa et intemperans
tradit senectuti
corpus effetum.

30. Cyrus quidem
apud Xenophontem
eo sermone
quem habuit moriens, [nex,
quum esset admodum se-
negat se sensisse unquam
suam senectutem
factam imbecilliorem
quam adolescentia fuisset.
Ego puer
memini L. Metellum
(qui, quum factus esset
maximus pontifex
quadriennio
post alterum consulatum,
præfuit ei sacerdotio
viginti et duos annos)
esse extremo tempore ætatis
viribus ita bonis,
ut non requireret
adolescentiam.
Est necesse nihil mihi
dicere de me ipso :
quanquam id quidem
est senile,
et conceditur nostræ ætati,

X. 31. Videtisne,
ut apud Homerum
Nestor prædicet sæpissime
de suis virtutibus?
Jam enim vivebat
tertiam ætatem hominum;
nec erat verendum ei,

Et nuls maîtres
de bonnes pratiques (de vertus)
ne doivent être pensés non heureux,
quoique leurs forces aient vieilli
et aient fait-défection.
D'ailleurs
cet affaiblissement même des forces
est produit plus souvent
par les vices de l'adolescence
que *par ceux* de la vieillesse.
En effet, une jeunesse
débauchée et intempérante
transmet à la vieillesse
un corps épuisé.

30. Cyrus même
chez (dans) Xénophon
dans ce discours
qu'il tint mourant,
lorsqu'il était tout-à-fait vieux,
nie lui avoir senti jamais
sa vieillesse
être devenue plus faible
que *sa* jeunesse *n*'avait été.
Moi *quand j'étais* enfant
je me souviens L. Métellus
(qui, lorsqu'il eut été créé
grand pontife
quatre-ans
après *son* second consulat,
présida à ce sacerdoce
pendant vingt-deux années)
avoir été dans le dernier temps de *sa* vie
de forces si bonnes,
qu'il ne réclamait (regrettait) pas
sa jeunesse.
Il n'est nécessaire en rien pour moi
de parler de moi-même :
quoique cette *faiblesse* vraiment
soit *faiblesse* de-vieillard,
et qu'elle soit permise à notre âge.

X. 31. Voyez-vous
comme chez (dans) Homère
Nestor parle bien-souvent
de ses vertus?
Déjà en effet il vivait
une troisième génération d'hommes;
et il n'était pas à-craindre à lui,

cans, nimis videretur aut insolens aut loquax. Etenim, ut ait Homerus, *ex ejus lingua melle dulcior fluebat oratio* [1] : quam ad suavitatem nullis egebat corporis viribus : et tamen dux ille Græciæ nusquam optat, ut Ajacis similes habeat decem, at ut Nestoris [2]; quod si acciderit, non dubitat quin brevi sit Troja peritura.

32. Sed redeo ad me. Quartum annum ago et octogesimum : vellem equidem idem posse gloriari, quod Cyrus ; sed tamen hoc queo dicere, non me quidem iis esse viribus, quibus aut miles bello Punico, aut quæstor eodem bello, aut consul in Hispania fuerim, aut quadriennio post, quum tribunus militaris depugnavi apud Thermopylas [3], M'. Acilio Glabrione consule : sed tamen, ut vos videtis, non plane me enervavit nec afflixit senectus : non curia vires meas desiderat, non rostra, non amici, non clientes, non hospites. Nec enim unquam sum

un homme vain ou bavard. Car, selon l'expression d'Homère, « les paroles coulaient de sa bouche plus douces que le miel, » et pour cette douceur de langage, il n'avait pas besoin des forces du corps. Cependant le puissant chef des Grecs, Agamemnon, ne souhaite nulle part d'avoir dix guerriers semblables à Ajax ; il en voudrait dix comme Nestor, persuadé que, si son vœu était rempli, Troie périrait bientôt !

32. Mais j'en reviens à moi. Je suis maintenant dans ma quatre-vingt-quatrième année, et je voudrais vraiment pouvoir me vanter du même avantage que Cyrus ; cependant ce que je peux dire, c'est que si je n'ai plus les mêmes forces qu'autrefois, quand je servais comme soldat dans la guerre Punique et comme questeur dans la même guerre, quand j'étais consul en Espagne, ou que je combattais aux Thermopyles comme tribun militaire sous le consul Man. Acilius Glabrion, du moins la vieillesse, comme vous le voyez, ne m'a ni épuisé, ni abattu : mes forces ne me font encore défaut ni au sénat, ni au barreau ; elles peuvent encore servir mes amis, mes clients et mes hôtes. Je n'ai jamais approuvé, en effet, cet ancien proverbe

ne prædicans de se vera	que disant de lui la vérité
videretur	il parût
aut nimis insolens	ou trop vain
aut loquax.	ou *trop* bavard.
Etenim , ut ait Homerus ,	En effet, comme dit Homère ,
oratio fluebat	les paroles coulaient
ex lingua ejus	de sa langue
dulcior melle :	plus douces que le miel :
ad quam suavitatem	pour laquelle douceur
egebat	il *n'*avait-besoin
nullis viribus corporis :	d'aucune force du corps :
et tamen	et cependant
ille dux Græciæ	ce-célèbre chef de la Grèce (Agamemnon)
optat nusquam	*ne* souhaite nulle part
ut habeat decem	qu'il ait (d'avoir) dix *capitaines*
similes Ajacis,	semblables à Ajax,
at ut Nestoris ;	mais qu'*il en ait dix semblables* à Nestor;
si quod acciderit ,	si cela arrivait,
non dubitat quin Troja	il ne doute pas que Troie
peritura sit brevi.	ne doive périr bientôt.
32. Sed redeo ad me.	32. Mais je reviens à moi.
Ago annum	Je passe (je suis dans) *mon* année
quartum et octogesimum :	quatrième et quatre-vingtième (84ᵉ) :
equidem vellem posse	je voudrais bien pouvoir [rifie Cyrus;
gloriari idem quod Cyrus ;	me glorifier du même *avantage* dont *se glo-*
sed tamen queo dicere hoc,	mais cependant je puis dire ceci,
me quidem	moi à la vérité
non esse iis viribus ,	n'être pas *doué* de ces forces,
quibus fuerim	dont j'ai été *doué* [nique,
aut miles bello Punico ,	*quand j'étais* ou soldat dans la guerre pu-
aut quæstor eodem bello ,	ou questeur dans la même guerre,
aut consul in Hispania ,	ou consul en Espagne,
aut quadriennio post ,	ou quatre-ans après ,
quum tribunus militaris	lorsqu'*en qualité de* tribun militaire
depugnavi	j'ai combattu
apud Thermopylas,	aux Thermopyles ,
M'. Acilio Glabrione	Manius Acilius Glabrion
consule :	*étant* consul :
sed tamen, ut vos videtis,	mais cependant, comme vous voyez,
senectus non enervavit me	la vieillesse ne m'a pas énervé
nec afflixit plane :	et ne *m'*a pas abattu tout-à-fait :
non curia	ni le sénat
desiderat meas vires ,	ne regrette mes forces,
non rostra, non amici,	ni la tribune, ni *mes* amis,
non clientes, non hospites.	ni *mes* clients, ni *mes* hôtes.
Nec enim unquam	Et jamais en effet
assensus sum illi proverbio	je n'ai donné-assentiment à ce proverbe

assensus veteri illi laudatoque proverbio, quod monet, *mature fieri senem, si diu velis esse senex.* Ego vero me minus diu senem esse mallem, quam esse senem ante, quam essem [1]. Itaque nemo adhuc convenire me voluit, cui fuerim occupatus.

33. At minus habeo virium, quam vestrum utervis. — Ne vos quidem T. Pontii centurionis vires habetis : num idcirco est ille præstantior? Moderatio modo virium adsit, et tantum, quantum potest, quisque nitatur : næ ille non magno desiderio tenebitur virium. Olympiæ per stadium [2] ingressus esse Milo dicitur, quum humeris sustineret bovem vivum. Utrum igitur has corporis, an Pythagoræ tibi malis vires ingenii dari? Denique isto bono utare, dum adsit; quum absit, ne requiras : nisi forte adolescentes pueritiam, paulum ætate progressi adolescentiam debent requirere. Cursus est certus ætatis, et una via naturæ, eaque simplex : suaque cuique parti ætatis tempestivitas est data; ut et infirmitas puerorum, et ferocitas juvenum, et gravitas jam constantis ætatis, et senectutis ma-

tant vanté : Sois vieux de bonne heure, si tu veux l'être longtemps. Pour moi j'aimerais mieux l'être moins longtemps que d'être vieux avant l'âge. Aussi il n'est personne qui ayant voulu m'entretenir, m'ait trouvé trop occupé pour l'entendre.

33. Mais j'ai moins de forces que l'un ou l'autre de vous. — Mais vous-mêmes vous n'avez point les forces du centurion T. Pontius : vaut-il pour cela mieux que vous? Quand nous n'aurions que des forces médiocres, si nous n'allons jamais au delà de ce que nous pouvons faire, nous n'aurons certes pas lieu de désirer des forces plus grandes. On dit que Milon parcourut le stade à Olympie, en portant sur ses épaules un bœuf vivant. Aimeriez-vous mieux qu'on vous donnât une telle force de corps, ou la force du génie de Pythagore? Tant que vous possédez cet avantage, usez-en; si vous l'avez perdu, ne le regrettez pas : ou bien alors les jeunes gens devront regretter leur enfance, et les hommes un peu plus âgés leur jeunesse. Le cours de la vie est réglé; la nature n'a qu'une voie, et cette voie est simple : chaque âge est comme une saison qui a son caractère particulier : la faiblesse convient à l'enfance; la fierté à la jeunesse, la gravité à l'âge mûr; la

veteri laudatoque,
quod monet,
fieri senem mature,
si velis esse diu senex.
Ego vero mallem
me esse senem minus diu
quam esse senem
antequam essem.
Itaque nemo adhuc
voluit convenire me,
cui occupatus fuerim.
    33. At habeo minus virium
quam utervis vestrum.
— Ne vos quidem habetis
vires T. Pontii centurionis :
num idcirco
ille est præstantior ?
Modo moderatio virium
adsit,
et quisque nitatur
tantum quantum potest,
næ ille non tenebitur
magno desiderio virium.
Milo dicitur ingressus esse
Olympiæ per stadium,
quum sustineret humeris
bovem vivum.
Utrum igitur malis,
has vires corporis dari tibi
an ingenii Pythagoræ ?
Denique utare isto bono,
dum adsit;
ne requiras, quum absit :
nisi forte adolescentes
debent requirere pueritiam,
paulum progressi ætate,
adolescentiam.
Est cursus certus ætatis,
et una via naturæ,
eaque simplex :
et sua tempestivitas
data est cuique parti
ætatis;
ut et infirmitas puerorum,
et ferocitas juvenum,
et gravitas
ætatis jam constantis,

ancien et vanté,
qui avertit
de devenir vieux de-bonne-heure,
si vous voulez être longtemps vieux.
Moi vraiment j'aimerais-mieux
moi être vieux moins longtemps
que d'être vieux
avant que je *le* fusse.
Aussi personne jusqu'ici
n'a voulu s'adresser-à moi,
pour qui j'aie été occupé.
    33. Mais j'ai moins de forces
que l'un-ou-l'autre de vous.
— Et pas même vous vous n'avez
les forces de T. Pontius le centurion :
est-ce que pour-ce-motif
celui-là *vous* est supérieur ?   [forces
Que seulement une somme-modérée de
soit *à nous*,
et que chacun fasse-effort
autant qu'il peut,
assurément il ne sera pas possédé
d'un grand regret de *plus de* forces.
Milon est raconté avoir marché
à Olympie à travers le stade,
pendant qu'il soutenait sur *ses* épaules
un bœuf vivant.
Lequel donc aimeriez-vous-mieux,
de telles forces de corps vous être données
ou *la force* du génie de Pythagore?
Enfin, usez de ce bien,
tant qu'il est-présent ;
ne *le* regrettez point, quand il est-absent :
à moins que peut-être les jeunes gens
ne doivent regretter l'enfance,
ceux un peu avancés en âge,
la jeunesse.
Il est un cours immuable de la vie,
et une-seule marche de la nature,
et celle-ci (et une marche) simple :
et sa saison-propre
a été donnée à chaque partie
de l'âge (de la vie);
de sorte que et la faiblesse des enfants,
et la fougue des jeunes-gens,
et la gravité
de l'âge déjà fait;

turitas naturale quiddam habeat; quod suo tempore percipi debeat.

34. Arbitror te audire, Scipio, hospes tuus avitus, Masinissa [1], quæ faciat hodie, nonaginta natus annos : quum ingressus iter pedibus sit, in equum omnino non ascendere; quum equo, ex equo non descendere; nullo imbre, nullo frigore adduci, ut capite operto sit : summam esse in eo corporis siccitatem [2] : itaque omnia exsequi regis officia et munera. Potest igitur exercitatio et temperantia etiam in senectute conservare aliquid pristini roboris.

XI. Non sunt in senectute vires?—Ne postulantur quidem vires a senectute. Ergo et legibus et institutis vacat ætas nostra muneribus iis, quæ non possunt sine viribus sustineri. Itaque non modo, quod non possumus, sed ne quantum possumus quidem, cogimur.

35. At ita multi·sunt imbecilli senes, ut nullum officii aut

maturité à la vieillesse : ce sont autant de fruits naturels qu'il faut cueillir en leur temps.

34. Je crois, Scipion, que vous avez entendu parler de ce que fait encore aujourd'hui, à l'âge de quatre-vingt-dix ans, Masinissa, l'hôte de votre famille : quand il a commencé un voyage à pied, il l'achève sans monter du tout à cheval; quand il l'a commencé à cheval, il n'en descend pas; ni la pluie ni le froid ne le forcent à se couvrir la tête; il a le corps parfaitement sec : aussi remplit-il exactement tous les devoirs de la royauté. L'exercice et la tempérance peuvent donc nous conserver jusque dans la vieillesse quelque chose de notre ancienne vigueur.

XI. La vieillesse n'a plus de forces ? — Mais on ne lui en demande pas. Nos lois et nos usages dispensent cet âge de toutes les fonctions dans lesquelles les forces sont nécessaires. Ainsi donc, bien loin qu'on exige de nous au delà de ce que nous pouvons, on n'exige pas même tout ce que nous pouvons.

35. Mais il y a beaucoup de vieillards tellement infirmes, qu'ils ne sauraient remplir le moindre devoir, la moindre fonction de la vie.

et maturitas senectutis
habeat quiddam naturale,
quod debeat percipi
suo tempore.

34. Arbitror
te audire, Scipio,
quæ faciat hodie
tuus hospes avitus,
Masinissa,
natus nonaginta annos :
quum ingressus sit iter
pedibus,
non ascendere omnino
in equum ;
quum equo,
non descendere ex equo ;
adduci nullo imbre,
nullo frigore,
ut sit capite operto : [ris
summam siccitatem corpo-
esse in eo :
itaque exsequi
omnia officia
et munera regis.
Igitur exercitatio
et temperantia
potest conservare
etiam in senectute
aliquid pristini roboris.

XI. Vires
non sunt in senectute?
—Vires ne postulantur qui-
a senectute. [dem
Ergo et legibus
et institutis,
nostra ætas vacat
iis muneribus,
quæ non possunt sustineri
sine viribus.
Itaque non modo cogimur
quod non possumus,
sed ne quidem
quantum possumus.

35. At multi senes
sunt ita imbecilli,
ut possint exsequi
nullum munus officii

et la maturité de la vieillesse
ont quelque chose de naturel,
qui doit être recueilli
en son temps.

34. Je pense [Scipion,
vous entendre (que vous entendez dire),
ce que fait aujourd'hui
votre hôte de-vos-ancêtres ,
Masinissa,
âgé de quatre-vingt-dix ans :
quand il a commencé une marche
à pied ,
ne pas monter du tout
sur un cheval ;
quand *il l'a commencée* à cheval ,
ne pas descendre de cheval ;
n'être déterminé par aucune pluie,
par aucun froid ,
à ce qu'il soit la tête couverte :
une très-grande sécheresse de corps
être en lui :
aussi *lui* accomplir
tous les devoirs
et *toutes* les fonctions de roi.
Ainsi l'exercice
et la tempérance
peuvent conserver
même dans la vieillesse
quelque chose de l'ancienne vigueur.

XI. Des forces
ne sont *plus* dans la vieillesse?
— *Mais* des forces ne sont même pas exi-
de la vieillesse. [gées
Ainsi et d'après *nos* lois
et d'après *nos* usages,
notre âge est dispensé
de ces charges ,
qui ne peuvent être soutenues
sans forces. [contraints
Aussi non-seulement nous *ne* sommes *pas*
à *faire* ce que nous ne pouvons pas ,
mais *nous ne le sommes* pas même
à *faire autant* que nous pouvons.

35. Mais beaucoup de vieillards
sont tellement faibles,
qu'ils *ne* peuvent accomplir
aucune fonction du devoir

omnino vitæ munus exsequi possint. — At id quidem non pro-
prium senectutis est vitium, sed commune valetudinis. Quam
fuit imbecillus P. Africani filius [1] is, qui te adoptavit! Quam
tenui aut nulla potius valetudine! Quod ni ita fuisset, alterum
ille exstitisset lumen civitatis; ad paternam enim magnitu-
dinem animi doctrina uberior accesserat. Quid mirum igitur
in senibus, si infirmi sunt aliquando, quum id ne adolescentes
quidem effugere possint? Resistendum, Læli et Scipio, senectuti est, ejusque vitia diligentia compensanda sunt; pugnandum,
tanquam contra morbum, sic contra senectutem.

36. Habenda ratio valetudinis; utendum exercitationibus
modicis; tantum cibi et potionis adhibendum, ut reficiantur
vires, non opprimantur. Nec vero corpori soli subveniendum
est, sed menti atque animo multo magis. Nam hæc quoque,
nisi tanquam lumini oleum instilles, exstinguuntur senectute.

— Ce n'est point là un défaut particulier à la vieillesse : c'est l'effet
ordinaire de la mauvaise santé. Quelle était la faiblesse de votre père
adoptif, du fils de Scipion l'Africain! Sa santé était bien délicate, ou
plutôt il n'avait point de santé. Sans cela, il eût été comme son père
la lumière de Rome : car il joignait à la grandeur d'âme paternelle des
connaissances plus étendues. Faut-il donc s'étonner si les vieillards
ont quelquefois des infirmités, puisque les jeunes gens eux-mêmes
n'en sont pas exempts? Il faut lutter contre la vieillesse, mes chers
amis; il faut réparer, à force d'activité, les pertes qu'elle nous fait
subir, et la combattre comme on combat une maladie.

36. Un vieillard doit soigner sa santé, user d'exercices modérés,
ne boire et ne manger qu'autant qu'il est nécessaire pour soutenir les
forces sans charger le corps. Et ce n'est pas seulement le corps dont
il faut prendre soin; il faut aussi s'occuper de l'esprit, et surtout de
l'âme : car cette double lumière de notre être s'éteint facilement dans
un vieillard, si on ne l'entretient en y versant de l'huile. Trop

aut omnino vitæ.	ou absolument de la vie.
— At id quidem vitium	— Mais vraiment ce défaut
non est proprium	n'est point particulier
senectutis,	à la vieillesse,
sed commune valetudinis.	mais commun à la mauvaise-santé.
Quam fuit imbecillus	Combien fut faible
filius P. Africani	le fils de P. *Scipion* l'Africain
is, qui adoptavit te!	celui qui vous a adopté!
valetudine quam tenui,	d'une santé à-quel-point faible,
aut potius nulla!	ou plutôt nulle!
Ni quod fuisset ita,	Si cela n'eût été ainsi,
ille exstitisset	il aurait été
alterum lumen civitatis;	la seconde lumière de l'Etat;
doctrina enim uberior	en effet une science plus considérable
accesserat	s'était jointe *en lui*
ad magnitudinem animi	à la grandeur d'âme
paternam.	de-*son*-père.
Quid igitur mirum	Quoi donc d'étonnant
in senibus,	chez les vieillards,
si sunt aliquando infirmi,	s'ils sont quelquefois faibles,
quum ne adolescentes qui-	puisque pas même les jeunes-gens
possint effugere id? [dem	*ne* peuvent éviter cela?
Resistendum est senectuti,	Il faut résister à la vieillesse,
Læli et Scipio,	Lélius et Scipion,
et vitia ejus	et les défauts d'elle
compensanda sunt	doivent être contrebalancés
diligentia;	par l'activité;
pugnandum	il faut combattre
contra senectutem [bum.	contre la vieillesse
sic tanquam contra mor-	ainsi que contre la maladie.
36. Ratio valetudinis	36. Compte de la santé
habenda;	doit être-tenu;
utendum	il faut user
exercitationibus modicis;	d'exercices modérés;
tantum cibi et potionis	autant de nourriture et de boisson
adhibendum,	doit être employé, [parées,
ut vires reficiantur,	*qu'il en faut* pour que les forces soient ré-
non opprimantur,	non pour qu'elles soient accablées,
nec vero subveniendum est	et vraiment il ne faut pas venir-en-aide
corpori soli.	au corps seul,
sed multo magis	mais beaucoup plus
menti atque animo.	à l'intelligence et à l'âme.
Nam hæc quoque,	Car celles-ci aussi,
nisi instilles oleum	si vous ne versez de l'huile
tanquam lumini,	comme à une lumière (lampe),
exstinguuntur senectute.	s'éteignent par la vieillesse.
Et corpora quidem	Et les corps, il-est-vrai,

Et corpora quidem exercitatione ingravescunt; animi autem
[se] exercendo levantur. Nam quos ait Cæcilius comicos stultos
senes [1], hos significat credulos, obliviosos, dissolutos; quæ vitia
sunt non senectutis, sed inertis, ignavæ, somniculosæ senectutis. Ut petulantia, ut libido magis est adolescentium, quam
senum; nec tamen omnium adolescentium, sed non proborum :
sic ista senilis stultitia, quæ deliratio appellari solet, senum le-
vium est, non omnium.

37. Quatuor robustos filios, quinque filias, tantam domum,
tantas clientelas Appius regebat, et cæcus et senex. Intentum
enim animum, tanquam arcum, habebat, nec languescens suc-
cumbebat senectuti. Tenebat non modo auctoritatem, sed
etiam imperium in suos : metuebant servi, verebantur liberi,
carum omnes habebant : vigebat in illa domo patrius mos et
disciplina.

38. Ita enim senectus honesta est, si se ipsa defendit, si jus

d'exercice alourdit le corps; l'âme n'en devient que plus légère.
Quand Cécilius parle de « ces stupides vieillards de comédie, » il dé-
signe ces vieillards crédules, oublieux, indifférents à tout : et ces
défauts ne sont point ceux de la vieillesse, mais d'une vieillesse inerte,
lâche et engourdie. Comme l'insolence et le libertinage se rencon-
trent plutôt chez les jeunes gens que chez les vieillards, non pas pourtant chez tous les jeunes gens, mais chez ceux qui ne sont pas honnêtes,
de même cette imbécillité sénile, à laquelle on a donné le nom d'enfance, se trouve chez les vieillards d'un esprit faible et non chez tous.

37. Appius Claudius était vieux et aveugle, et pourtant il gou-
vernait très-bien quatre fils robustes, cinq filles, une grande maison
et une foule de clients. En effet, son esprit était tendu comme un arc,
et, toujours actif, soutenait sans fléchir le fardeau de la vieillesse.
Aussi maintenait-il, non-seulement son autorité, mais même son
empire sur les siens : ses esclaves le craignaient, ses enfants le ré-
véraient, tous le chérissaient; dans sa maison, les mœurs et la discipline antique avaient conservé toute leur vigueur.

38. La vieillesse est donc honorée, toutes les fois qu'elle se défend elle-même, qu'elle maintient son droit, qu'elle ne se fait l'esclave
de personne et que jusqu'au dernier soupir elle garde son empire

ingravescunt exercitatione; | s'appesantissent par l'exercice;
animi autem levantur | mais l'esprit s'allége
se exercendo. | en s'exerçant.
Nam quos Cæcilius ait | Car ceux que Cécilius dit (appelle)
stultos senes comicos, | de sots vieillards de-comédie.
significat hos credulos, | il désigne ces *vieillards* crédules,
obliviosos, dissolutos; | oublieux. négligents;
quæ vitia sunt | lesquels défauts sont
non senectutis, | non *ceux* de la vieillesse,
sed senectutis inertis, | mais d'une vieillesse inerte,
ignavæ. somniculosæ. | lâche, endormie.
Ut petulantia, | De même que l'insolence,
ut libido | de même que la débauche
est magis adolescentium, | est plus *le propre* des jeunes-gens
quam senum; | que des vieillards;
nec tamen | et-non cependant
omnium adolescentium, | de tous les jeunes-gens,
sed non proborum : | mais de *ceux* non honnêtes :
sic ista stultitia senilis, | ainsi cette imbécillité sénile,
quæ solet | qui a-coutume
appellari deliratio, | d'être appelée radotage,
est senum levium, | est *le propre* des vieillards légers,
non omnium. | *et* non de tous.

37. Appius, | 37. Appius,
et cæcus et senex, | et aveugle et vieux,
regebat | gouvernait
quatuor filios robustos, | quatre fils vigoureux,
quinque filias, | cinq filles,
tantam domum, | une si-grande maison,
tantas clientelas. | une si-nombreuse clientèle.
Habebat enim animum | Il avait en effet l'âme
intentum tanquam arcum, | tendue comme un arc,
nec succumbebat senectuti | et il ne succombait pas à la vieillesse
languescens. | *de manière à être* languissant.
Tenebat | Il maintenait
non modo auctoritatem, | non-seulement *son* autorité,
sed etiam imperium in suos: | mais encore *son* empire sur les siens :
servi metuebant, | *ses* esclaves *le* craignaient,
liberi verebantur, | *ses* enfants *le* révéraient,   [saient):
omnes habebant carum : | tous *le* tenaient-pour cher (le chéris-
mos patrius | les mœurs de-*nos*-ancêtres
et disciplina | et *leur* discipline
vigebat in illa domo. | régnaient dans cette maison.

38. Senectus enim | 38. La vieillesse en effet
est honesta ita, | est honorable ainsi (à cette condition),
si ipsa se defendit, | si elle-même se défend,
si retinet jus suum, | si elle maintient son droit,

suum retinet, si nemini mancipata est, si usque ad extremum
spiritum dominatur in suos. Ut enim adolescentem, in quo
senile aliquid; sic senem, in quo est adolescentis aliquid,
probo : quod qui sequitur, corpore senex esse poterit,
animo nunquam erit. Septimus mihi Originum [1] liber est in
manibus : omnia antiquitatis monumenta colligo : causarum
illustrium, quascumque defendi, nunc quum maxime conficio
orationes ; jus augurium, pontificium , civile tracto ; multum
etiam Græcis litteris utor, Pythagoreorumque more exercendæ
memoriæ gratia, quid quoque die dixerim, audierim, egerim,
commemoro vesperi. Hæ sunt exercitationes ingenii ; hæc cur-
ricula mentis ; in his desudans atque elaborans, corporis vires
non magnopere desidero. Adsum amicis ; venio in senatum
frequens, ultroque affero res multum et diu cogitatas, easque
tueor animi, non corporis, viribus. Quæ si exsequi nequirem,
tamen me lectulus oblectaret meus, ea ipsa cogitantem, quæ

sur tout ce qui l'entoure ; comme j'estime un jeune homme en qui
l'on trouve quelque chose du vieillard, j'estime aussi un vieillard qui
a quelque chose du jeune homme. De cette manière, le corps peut
vieillir, mais l'âme ne vieillira jamais. Je suis en train d'écrire le
septième livre de mes *Origines* ; je recueille tous les monuments de
l'antiquité ; je rédige maintenant même les plus remarquables des
causes que j'ai défendues ; j'écris un traité sur le droit augural,
sur le droit pontifical, sur le droit civil ; je travaille beaucoup
aussi les lettres grecques ; enfin, à l'imitation des Pythagoriciens, et
dans le but d'exercer ma mémoire, je repasse tous les soirs ce
que j'ai dit, entendu ou fait pendant le jour. Tels sont les exercices de mon esprit, la carrière où se déploie mon intelligence ;
au milieu de ces travaux, de ces occupations, je ne pense guère à
regretter les forces du corps. Je viens en aide à mes amis ; je me
rends assidûment au sénat, j'y apporte de mon chef des propositions
longtemps et mûrement méditées et je les soutiens par les forces de
l'esprit et non par celles du corps. Si je ne pouvais remplir tous ces
devoirs, mon lit de travail lui-même aurait du charme pour moi :

si mancipata est nemini,	si elle *n*'est asservie à personne,
si dominatur in suos [tum.	si elle domine sur les siens
usque ad extremum spiri-	jusqu'au dernier soupir.
Ut enim probo	De même en effet que j'estime
adolescentem,	un jeune homme, [lard,
in quo aliquid senile ,	en qui *se trouve* quelque chose du-vieil-
sic senem,	de même *j'estime* un vieillard,
in quo est aliquid	en qui se trouve quelque chose
adolescentis :	du jeune-homme ;
qui sequitur hoc	celui qui suit cette *règle*
poterit esse senex corpore,	pourra être vieux de corps,
erit nunquam animo.	il ne *le* sera jamais d'âme.
Liber septimus Originum	Le livre septième des Origines
est mihi in manibus :	est à moi entre les mains :
colligo omnia monumenta	je recueille tous les monuments
antiquitatis :	de l'antiquité :
conficio nunc	j'achève (j'écris) maintenant
quum maxime	mieux que jamais
orationes	les plaidoyers
causarum illustrium	des causes illustres
quascumque defendi ;	toutes-celles-que j'ai défendues ;
tracto jus augurium,	je traite le droit augural,
pontificium, civile ;	pontifical, civil ;
utor etiam multum	je me sers aussi beaucoup de (j'étudie)
litteris Græcis,	les lettres grecques,
moreque Pythagoreorum	et à la façon des Pythagoriciens
gratia exercendæ memoriæ	à l'effet d'exercer *ma* mémoire
commemoro vesperi	je repasse le soir
quid dixerim quoque die,	ce que j'ai dit chaque jour,
audierim, egerim.	*ce que* j'ai entendu, *ce que* j'ai fait.
Hæ sunt exercitationes	Ceux-ci (tels) sont les exercices
ingenii ;	de *mon* esprit ;
hæc curricula mentis ;	telle la carrière de *mon* intelligence ;
desudans	suant
atque elaborans in his,	et travaillant sur ces choses,
non desidero magnopere	je ne regrette pas considérablement
vires corporis.	les forces du corps.
Adsum amicis ;	J'assiste *mes* amis ;
venio frequens in senatum,	je viens assidu (souvent) au sénat,
afferoque ultro	et j'y apporte de-mon-initiative
res cogitatas multum et diu,	des *projets* médités beaucoup et longtemps,
tueorque eas	et je les défends
viribus animi,	par les forces de l'âme,
non corporis.	*et non par celles* du corps.
Si nequirem exsequi quæ,	Si je ne pouvais accomplir ces *devoirs*,
tamen meus lectulus	cependant mon lit-de-travail
oblectaret me,	me charmerait,

jam agere non possem : sed, ut possim, facit acta vita. Semper enim in his studiis laboribusque viventi non intelligitur, quando obrepat senectus. Ita sensim sine sensu ætas senescit; nec subito frangitur, sed diuturnitate exstinguitur.

XII. 39. Sequitur tertia vituperatio senectutis, quod eam carere dicunt voluptatibus. O præclarum munus ætatis, si quidem id aufert nobis, quod est in adolescentia vitiosissimum! Accipite enim, optimi adolescentes, veterem orationem Archytæ Tarentini[1], magni in primis et præclari viri, quæ mihi tradita est, quum essem adolescens Tarenti cum Q. Maximo. « Nullam capitaliorem pestem, quam corporis voluptatem, hominibus dicebat a natura datam; cujus voluptatis avidæ libidines temere et effrenate ad potiundum incitarentur.

40. « Hinc patriæ proditiones, hinc rerum publicarum eversiones, hinc cum hostibus clandestina colloquia nasci; nullum

j'y méditerais sur ce que je ne pourrais plus faire ; mais, grâce à ma vie passée, je puis encore agir aujourd'hui. L'homme qui vit sans cesse au milieu de ses études et de ses travaux ne s'aperçoit pas que la vieillesse le gagne. Il vieillit peu à peu sans s'en douter ; sa vie ne se rompt pas tout d'un coup, elle se consume et s'éteint lentement.

XII. 39. Nous arrivons au troisième reproche qu'on fait à la vieillesse : elle est, dit-on, privée des plaisirs. O l'admirable privilége de cet âge, s'il est vrai qu'il nous affranchit de ce qu'il y a de plus vicieux dans la jeunesse! Écoutez en effet, ô bons jeunes gens, un ancien discours d'Archytas de Tarente, homme du plus grand mérite et des plus distingués : il me fut rapporté dans ma jeunesse, quand j'étais à Tarente avec Q. Maximus. « La nature, disait-il, n'a pu faire à l'homme de présent plus funeste, que le mortel poison de la volupté ; les passions qu'elle allume se précipitent, aveuglément et sans frein, vers l'objet de leurs désirs.

40. « De là les trahisons envers la patrie, le renversement des États, les secrètes intelligences avec l'ennemi ; en un mot il n'est

cogitantem ea ipsa, | réfléchissant à ces choses mêmes,
quæ non possem jam agere: | que je ne pourrais plus faire,
sed vita acta facit ut possim. | mais *ma* vie passée fait que je *le* puisse.
Viventi enim in his studiis | Pour celui en effet qui vit dans ces études
laboribusque | et *ces* travaux
non intelligitur | il n'est pas aperçu
quando senectus obrepat. | quand la vieillesse se glisse.
Ita ætas senescit | Ainsi l'âge vieillit
sensim sine sensu; | peu-à-peu sans sensation(insensiblement);
nec frangitur subito, | et ne se brise pas tout-à-coup,
sed exstinguitur | mais s'éteint
diuturnitate.   [ratio | par la durée.

XII. 39. Tertia vitupe- | XII. 39. Le troisième reproche
senectutis | de (fait à) la vieillesse
sequitur, | suit (vient ensuite),
quod dicunt eam | à savoir qu'ils disent elle
carere voluptatibus. | être privée des plaisirs.
O munus præclarum | O privilége remarquable
ætatis, | de *cet* âge,
si quidem aufert nobis id, | si vraiment il nous ôte cela,
quod est vitiosissimum | qui est le plus vicieux
in adolescentia! | dans la jeunesse!
Accipite enim, | Recevez (apprenez) en effet,
adolescentes optimi, | jeunes-gens très-bons,
veterem orationem | un ancien discours
Archytæ Tarentini, | d'Archytas de-Tarente,
viri magni in primis | homme grand parmi les premiers
et præclari, | et remarquable,
quæ tradita est mihi, | lequel *discours* a été transmis à moi,
quum adolescens | lorsque *étant* jeune-homme
essem Tarenti | j'étais à Tarente
cum Q. Maximo. | avec Q. Maximus.
Dicebat « Nullam pestem | Il (Archytas) disait « Aucun fléau
capitaliorem | plus mortel
quam voluptatem corporis | que le plaisir du corps
datam hominibus | *n'avoir été* donné aux hommes
a natura; | par la nature;
cujus voluptatis | duquel plaisir
libidines avidæ | les passions avides
incitarentur temere | étaient poussées imprudemment
et effrenate | et sans-frein
ad potiundum. | à *le* posséder.

40. « Hinc nasci | 40. « De là naître
proditiones patriæ, | les trahisons de la patrie,
hinc eversiones | de là le renversement
rerum publicarum, | des choses publiques (des États),
hinc colloquia clandestina | de là les entretiens clandestins

denique scelus, nullum malum facinus esse, ad quod suscipiendum non libido volupatis impelleret; stupra vero et adulteria et omne tale flagitium nullis excitari aliis illecebris, nisi
voluptatis. Quumque homini sive natura sive quis Deus nihil
mente præstabilius dedisset, huic divino muneri ac dono nihil
esse tam inimicum, quam voluptatem.

41. « Nec enim, libidine dominante, temperantiæ locum
esse, neque omnino in voluptatis regno virtutem posse consistere. Quod quo magis intelligi posset, fingere animo jubebat,
tanta incitatum aliquem voluptate corporis, quanta percipi
posset maxima : nemini censebat fore dubium, quin tandiù,
dum ita gauderet, nihil agitare mente, nihil ratione, nihil cogitatione consequi posset. Quocirca nihil esse tam detestabile
tamque pestiferum, quam voluptatem : siquidem ea, quum
major esset atque longior, omne animi lumen exstingueret. »

point de crime, il n'est point de forfait auquel ne pousse la passion
de la volupté. La séduction, l'adultère et tous les désordres de
ce genre, n'ont point d'autre source que l'attrait du plaisir. La
raison est le don le plus précieux que la nature, ou plutôt quelque
Dieu, ait fait à l'homme; or la raison, ce présent divin, n'a point
d'ennemi plus redoutable que la volupté.

41. « En effet quand la passion domine, la modération n'est plus
possible, et dans l'empire de la volupté, la vertu ne saurait trouver
aucune place. Pour s'en convaincre encore davantage, qu'on se représente, disait-il, un homme au moment où il jouit de la volupté
la plus vive que le corps puisse goûter; il ne sera douteux pour
personne que tant que durera cet excès de jouissance, cet homme
ne pourra faire usage de sa raison, qu'il sera incapable de penser
et de réfléchir. Il n'y a donc rien de plus détestable, de plus funeste
que la volupté, puisque, lorsqu'elle est trop vive ou qu'elle dure trop
longtemps, elle éteint toute lumière de l'âme. » Telles furent les

cum hostibus ;
denique nullum scelus,
nullum malum facinus esse,
ad quod suscipiendum
libido voluptatis
non impelleret;
stupra vero et adulteria
et omne flagitium tale
excitari
nullis aliis illecebris
quam voluptatis.
Quumque sive natura
sive quis Deus
dedisset homini
nihil præstabilius mente,
nihil esse tam inimicum
huic muneri ac dono divino
quam voluptatem.

avec les ennemis ;
enfin aucun crime,
aucune mauvaise action n'exister,
à laquelle devant être tentée
la passion du plaisir
ne poussât;
mais les séductions et les adultères
et toute action-honteuse de-ce-genre
n'être excitée
par aucun autre attrait
que par l'attrait du plaisir.
Et comme soit la nature
soit quelque Dieu
n'avait donné à l'homme
rien de supérieur à l'intelligence,
rien n'être si ennemi (funeste)
à ce présent et à ce don divin
que le plaisir.

41. « Nec enim locum esse
temperantiæ,
libidine dominante,
neque virtutem
posse consistere omnino
in regno voluptatis.
Quo quod posset
intelligi magis,
jubebat
fingere animo aliquem
incitatum
voluptate corporis
tantu quanta posset
percipi maxima.
Censebat
fore dubium nemini
quin posset,
tandiu dum gauderet ita,
agitare nihil mente,
consequi nihil ratione,
nihil cogitatione.
Quocirca
nihil esse tam detestabile
tamque pestiferum
quam voluptatem :
siquidem ea,   [longior,
quum esset major atque
exstingueret
omne lumen animi. »

41. « Car ni une place exister
pour la tempérance (modération),
la passion étant-maîtresse,
ni la vertu
pouvoir subsister du tout
sous le règne du plaisir.
Afin que ceci pût
être compris davantage,
il ordonnait
d'imaginer en esprit quelqu'un
excité
par un plaisir du corps
aussi-grand qu'il pourrait
être perçu le plus grand.
Il pensait
ne devoir être douteux pour personne
qu'il ne pourrait,
aussi longtemps qu'il jouirait ainsi,
faire rien par l'intelligence,
poursuivre rien par le raisonnement,
rien par la pensée.
Par conséquent
rien n'être si détestable
et si pernicieux
que le plaisir :
si-vraiment (puisque) celui-ci,
quand il était trop grand et trop long,
éteignait
toute lumière de l'âme. »

Hæc cum C. Pontio [1] Samnite, patre ejus, a quo Caudino prœlio Sp. Postumius, T. Veturius, consules, superati sunt, locutum Archytam, Nearchus Tarentinus, hospes noster, qui in
amicitia populi Romani permanserat, se a majoribus natu accepisse dicebat, quum quidem ei sermoni interfuisset Plato [2]
Atheniensis : quem Tarentum venisse L. Camillo, Appio Claudio consulibus, reperio.

42. Quorsus hæc? Ut intelligatis, si voluptatem aspernari
ratione et sapientia non possemus, magnam habendam senectuti gratiam, quæ effecerit, ut id non liberet, quod non oporteret. Impedit enim consilium voluptas; rationi inimica est, ac
mentis, ut ita dicam, perstringit oculos, nec habet ullum cum
virtute commercium. Invitus feci, ut fortissimi viri T. Fla-
mini [3] fratrem, L. Flamininum, senatu ejicerem, septem annis
postquam consul fuisset : sed notandam putavi libidinem. Ille

---

paroles d'Archytas dans l'entretien qu'il eut avec C. Pontius, le
Samnite, père de ce Pontius qui, à la journée des Fourches Caudines,
défit les consuls Sp. Postumius et T. Véturius. Elles nous ont été
rapportées par Néarque de Tarente, notre hôte et l'ami fidèle du
peuple romain; lui-même les tenait de quelques vieillards, et il
ajoutait que Platon d'Athènes avait assisté à cet entretien : je trouve
en effet que ce dernier vint à Tarente sous le consulat de L. Camillus
et d'Appius Claudius.

42. Mais où tend cette digression? A vous montrer que si la raison et la sagesse ne suffisent pas pour nous faire mépriser la volupté,
nous devons de grands remercîments à la vieillesse, qui nous rend
insipides des plaisirs qu'il faut fuir. La volupté est l'ennemie de la
raison, elle corrompt le jugement, obscurcit, pour ainsi dire, la vue
de l'âme et ne peut souffrir le commerce de la vertu. Ce fut avec
bien du regret, je l'avoue, que je chassai du sénat, sept ans après son
consulat, L. Flamininus, frère du noble et courageux Titus; mais
je crus devoir flétrir la débauche. Ce Lucius, étant consul et com-

Nearchus Tarentinus,
noster hospes,
qui permanserat
in amicitia populi Romani,
dicebat se accepisse
a majoribus natu
Archytam locutum hæc
cum Pontio Samnite,
patre ejus
a quo Sp. Postumius,
T. Veturius, consules,
superati sunt
prœlio Caudino,
quum quidem
Plato Atheniensis
interfuisset ei sermoni :
quem reperio
venisse Tarentum,
L. Camillo, Appio Claudio,
consulibus.
42. Quorsus hæc?
Ut intelligatis,
si non possemus
aspernari voluptatem
ratione et sapientia,
magnam gratiam
habendam senectuti,
quæ effecerit
ut id quod non oporteret,
non liberet.
Voluptas enim
impedit consilium,
est inimica rationi,
ac, ut dicam ita,
perstringit oculos mentis,
nec habet ullum commer-
cum virtute.   [cium
Feci invitus
ut ejicerem e senatu
L. Flamininum,
fratrem T. Flaminini,
viri fortissimi,
septem annis
postquam fuisset consul :
sed putavi libidinem
notandam.
Ille enim,

Néarque de-Tarente,
notre hôte,
qui avait persévéré
dans l'amitié du peuple romain,
disait lui avoir appris   [(plus âgés)
d'*hommes* plus grands par la naissance
Archytas avoir dit ces choses
avec (à) Pontius le Samnite,
père de celui
par qui Sp. Postumius
et T. Véturius, consuls,
furent défaits
dans le combat de-Caudium,
alors que vraiment
Platon d'-Athènes
avait assisté à cette conversation :
lequel (Platon) je trouve
être venu à Tarente,
L. Camille, *et* App. Claudius
étant consuls.
42. Dans-quel-but ceci ?
Pour que vous compreniez,
si nous ne pouvions pas
mépriser le plaisir
par la raison et la sagesse,
une grande reconnaissance
devoir être eue à la vieillesse,
qui a fait-en-sorte
que ce qu'il ne fallait pas *faire*
ne plût pas.
Le plaisir en effet
empêche le jugement,
est ennemi (funeste) à la raison,
et, pour que je dise ainsi,
éblouit les yeux de l'esprit,
et n'a aucun commerce
avec la vertu.
J'ai fait-en-sorte malgré-moi
que je jetasse-hors du sénat
L. Flamininus,
frère de T. Flamininus,
homme très-courageux,
sept années
après qu'il avait été consul :
mais j'ai pensé *sa* passion (débauche)
devoir être notée *d'infamie*.
Celui-ci, en effet,

enim quum esset consul, in Gallia exoratus in convivio a scorto
est, ut securi feriret aliquem eorum, qui in vinculis essent
damnati rei capitalis. Hic, Tito, fratre suo, censore, qui pro-
ximus ante me fuerat, elapsus est; mihi vero et Flacco [1] neuti-
quam probari potuit tam flagitiosa et tam perdita libido, quæ
cum probro privato conjungeret imperii dedecus.

XIII. 43. Sæpe audivi a majoribus natu, qui se porro pueros
a senibus audisse dicebant, mirari solitum C. Fabricium quod,
quum apud regem Pyrrhum legatus esset, audisset a Thessalo
Cinea [2], esse quemdam Athenis, qui se sapientem profiteretur,
eumque dicere, omnia, quæ faceremus, ad voluptatem esse
referenda : quod ex eo audientes, M'. Curium et Tib. Corunca-
nium optare solitos, ut id Samnitibus ipsique Pyrrho persuade-
retur, quo facilius vinci possent, quum se voluptatibus dedi-

mandant en Gaule, céda aux prières d'une courtisane, qui, au milieu
d'un festin, voulait voir frapper de la hache un des condamnés qui
étaient dans les fers et attendaient le supplice. Tant que Titus, son
frère, fut censeur (et il le fut immédiatement avant moi), Lucius
échappa au châtiment; mais Flaccus et moi, nous ne pûmes laisser
impunie une faiblesse si coupable et si honteuse, surtout lorsque le
déshonneur de l'homme privé rejaillissait sur la dignité consulaire.

XIII. 43. Voici un récit que j'ai souvent entendu faire à des vieillards qui disaient l'avoir eux-mêmes appris dans leur enfance de la
bouche des vieillards de ce temps. Fabricius, pendant son ambassade
auprès du roi Pyrrhus, avait entendu, non sans un grand étonnement,
le Thessalien Cinéas dire qu'il y avait à Athènes un homme faisant
profession d'être sage et qui prétendait que toutes nos actions ont
pour but le plaisir. Et comme il le répétait à Man. Curius et à Tib.
Coruncanius, ceux-ci faisaient des vœux pour que les Samnites et
Pyrrhus se laissassent prendre à de pareilles doctrines, persuadés
que s'ils s'abandonnaient aux plaisirs, ils seraient plus faciles à

quum esset consul,	comme il était consul,
exoratus est	laissa-obtenir-de-lui-par-prières
a scorto	par une courtisane,
in convivio, in Gallia,	dans un festin, en Gaule,
ut feriret securi	qu'il frappât de la hache
aliquem eorum	quelqu'un de ceux
qui essent in vinculis	qui étaient dans les fers
damnati rei capitalis.	condamnés pour un crime capital.
Hic elapsus est,	Il échappa *à la punition*,
Tito, suo fratre, censore,	Titus, son frère, *étant* censeur,
qui fuerat proximus	lequel avait été le dernier *censeur*
ante me;	avant moi;
libido vero tam flagitiosa	mais une indignité si infâme
et tam perdita,	et si perverse,
quæ conjungeret	qui unissait
dedecus imperii	le déshonneur du pouvoir
cum probro privato,	avec (à) l'opprobre privé,
potuit neutiquam probari	ne put en-aucune-sorte être approuvée
mihi et Flacco.	par moi et par Flaccus.
XIII. 43. Sæpe	XIII. 43. Souvent
audivi	j'ai entendu (appris)
a majoribus natu,	d'*hommes* plus grands par l'âge,
qui dicebant	qui disaient
se pueros	eux-mêmes *étant* enfants
audisse porro a senibus,	*l'*avoir entendu (appris) jadis de vieillards,
C. Fabricium	C. Fabricius
solitum mirari	avoir-eu-coutume de s'étonner
quod, quum esset legatus	de ce que, comme il était ambassadeur
apud regem Pyrrhum,	auprès du roi Pyrrhus,
audisset	il avait entendu (appris)
a Cinea Thessalo,	de Cinéas de-Thessalie,
quemdam esse Athenis	un certain *homme* être à Athènes
qui profiteretur	qui déclarait
se sapientem;	lui-même *être* sage,
eumque dicere	et cet *homme* dire
omnia quæ faceremus	toutes les choses que nous faisons
referenda ad voluptatem :	devoir être rapportées au plaisir :
quod M'. Curium	ce que Man. Curius
et Tib. Coruncanium	et Tib. Coruncanius
audientes ex eo,	entendant de lui (dit par lui),
solitos optare	*eux* avoir-eu-coutume de souhaiter
ut id persuaderetur	que ceci fût persuadé
Samnitibus Pyrrhoque ipsi,	aux Samnites et à Pyrrhus lui-même,
quo possent vinci	afin qu'ils pussent être vaincus
facilius,	plus facilement,
quum dedidissent se	lorsqu'ils auraient livré eux-mêmes
voluptatibus.	aux plaisirs.

dissent. Vixerat M'. Curius cum P. Decio [1], qui quinquennio
ante eum consulem se pro republica quarto consulatu devove-
rat. Norat eumdem Fabricius, norat Coruncanius : qui quum
ex sua vita, tum ex ejus, quem dico, P. Decii facto, judica-
bant, esse profecto aliquid natura pulchrum atque præclarum,
quod sua sponte peteretur, quodque, spreta et contempta voluptate, optimus quisque sequeretur.

44. Quorsum igitur tam multa de voluptate? Quia non modo
vituperatio nulla, sed etiam summa laus senectutis est, quod
ea voluptates nullas magnopere desiderat. — At caret epulis
exstructisque mensis et frequentibus poculis. — Caret ergo
etiam vinolentia et cruditate et insomniis. Sed si aliquid dan-
dum est voluptati, quoniam ejus blanditiis non facile obsisti-
mus (divine enim Plato *escam malorum voluptatem* appellat,
quod ea videlicet homines capiantur, ut hamo pisces) : quanquam immoderatis epulis caret senectus, modicis tamen con-

vaincre. Man. Curius avait vécu avec P. Décius, celui qui, pendant son
quatrième consulat, cinq ans avant celui de Curius ; se dévoua pour
la république. Fabricius, de même que Coruncanius, avait connu ce
même Décius, et tous ces hommes jugeaient, soit par l'exemple de
leur propre vie, soit par le dévouement héroïque de Décius, qu'il
existe quelque chose de beau, de naturellement grand, qu'on re-
cherche pour sa beauté même et à quoi aspirent tous les gens vertueux, au mépris des jouissances de la volupté.

44. Mais pourquoi tant parler de la volupté? Pour montrer que
si la vieillesse ne désire vivement aucune espèce de plaisir, elle ne
mérite point pour cela des reproches, mais plutôt les plus grands
éloges.— Mais, dira-t-on, les festins, les grands repas, les libations
fréquentes, voilà des plaisirs dont elle est privée. — Elle est donc
aussi privée de l'ivresse, des maux d'estomac et des insomnies.
Pourtant, s'il faut donner quelque chose à la volupté, car on résiste
difficilement à ses charmes et Platon a bien raison de l'appeler
l'*appât du mal*, puisque les hommes s'y laissent prendre comme les
poissons à l'hameçon : les vieillards, tout en s'interdisant les trop

M'. Curius vixerat | Man. Curius avait vécu
cum P. Decio, qui, | avec P. Décius, qui,
quinquiennio | cinq-ans [Curius),
ante eum consulem, | avant lui consul (avant le consulat de
se devoverat pro republica | s'était dévoué pour la république
quarto consulatu. | dans son quatrième consulat.
Fabricius norat eumdem, | Fabricius avait connu le même (Décius),
Coruncanius norat : | Coruncanius l'avait connu :
qui judicabant, | lesquels jugeaient,
quum ex sua vita, | et par leur vie,
tum ex facto ejus, | et par l'action de celui-ci,
quem dico, P. Decii, | que je dis (nomme), de P. Décius,
aliquid esse profecto | quelque chose exister sans doute
pulchrum natura | beau par nature
atque præclarum, | et remarquable,
quod peteretur sua sponte, | qui pût-être-recherché de sa nature,
quodque quisque optimus | et que tout homme très-bon
sequeretur, | pût-suivre,
voluptate spreta | le plaisir étant dédaigné
et contempta. | et méprisé.

44. Quorsum igitur | 44. Dans-quel-but donc
tam multa de voluptate? | tant de choses sur le plaisir?
Quia non modo [tis, | Parce que non-seulement
nulla vituperatio senectu- | aucun blâme de la vieillesse,
sed summa laus est, | mais un très-grand éloge existe,
quod ea | de ce que celle-ci
desiderat nullas voluptates | ne regrette aucuns plaisirs
magnopere. | grandement.
— At caret epulis, | — Mais elle est privée de festins,
mensisque exstructis, | et de tables chargées de mets
et poculis frequentibus. | et de coupes (libations) fréquentes.
— Ergo caret etiam | — Donc elle est privée aussi
vinolentia et cruditate | de l'ivresse et de la mauvaise-digestion
et insomniis. | et des insomnies.
Sed si aliquid | Mais si quelque chose
dandum est voluptati, | doit être donné au plaisir,
quoniam non obsistimus | puisque nous ne résistons pas
facile | facilement
blanditiis ejus | à ses caresses
(Plato enim | (Platon en effet
appellat divine voluptatem | appelle divinement le plaisir
escam malorum, | l'appât des maux,
videlicet quod | sans doute parce que
homines capiantur ea, | les hommes sont pris par lui,
ut pisces hamo) : | comme les poissons par l'hameçon) :
quanquam senectus | quoique la vieillesse
caret epulis immoderatis, | soit privée des festins immodérés,

viviis potest delectari. C. Duïlium, M. F., qui Pœnos classe primus devicerat, redeuntem a cœna senem sæpe videbam puer; delectabatur crebro funali et tibicine [1], quæ sibi nullo exemplo privatus sumpserat : tantum licentiæ dabat gloria !

45. Sed quid ego alios? Ad me ipsum jam revertar. Primum habui semper sodales. Sodalitates autem me quæstore consti= tutæ sunt, sacris Idæis Magnæ Matris [2] acceptis. Epulabar igitur cum sodalibus omnino modice, sed erat quidam fervor ætatis : qua progrediente, omnia fiunt in dies mitiora. Neque enim ipsorum conviviorum delectationem voluptatibus corporis magis, quam cœtu amicorum et sermonibus metiebar. Bene enim majores nostri accubitionem epularem amicorum , quia vitæ conjunctionem haberet, *convivium* [3] nominarunt, melius quam

grands festins, peuvent toutefois trouver du plaisir dans de modestes repas. Que de fois dans mon enfance j'ai vu revenir de souper C. Duïlius, fils de Marcus, qui le premier vainquit sur mer les Carthaginois : ce vieillard aimait à se faire précéder de nombreux flambeaux et de joueurs de flûte, appareil jusqu'alors sans exemple chez un particulier ; tant sa gloire lui permettait de licence!

45. Mais pourquoi parler des autres? Revenons encore à nousmême. D'abord j'ai toujours eu des compagnons de table. Ces compagnies se formèrent pendant ma questure, lorsqu'on introduisit à Rome le culte de la Grande-Déesse. Je me régalais donc avec mes compagnons; notre table était tout à fait modeste, mais nous avions alors la chaleur de la jeunesse : tout se tempère avec les années. Et ce qui faisait pour moi le charme de ces repas, ce n'était pas tant le plaisir de la table que la société et la conversation de mes amis. Nos pères ont eu raison de donner à des amis qui viennent s'asseoir à une même table le nom de *convives*, parce que c'est en quelque sorte *vivre ensemble;* les Grecs ont pour la même idée des expres=

tamen potest delectari
conviviis modicis.
Puer videbam sæpe
C. Duïlium, filium Marci,
senem,
qui primus
devicerat Pœnos
classe,
redeuntem a cœna ;
delectabatur funali crebro
et tibicine,
quæ privatus
sumpserat sibi
nullo exemplo :
tantum licentiæ
gloria dabat !
   45. Sed quid
ego alios?
Jam revertar ad me ipsum.
Primum
habui semper sodales.
Sodalitates autem
constitutæ sunt,
me quæstore,
sacris Idæis Magnæ Matris
acceptis.
Epulabar igitur
omnino modice
cum sodalibus,
sed quidam fervor ætatis
erat :
qua progrediente,
omnia fiunt mitiora
in dies.
Neque enim metiebar
delectationem conviviorum
voluptatibus corporis
magis quam cœtu
et sermonibus amicorum.
Nostri enim majores
nominarunt bene
convivium,
accubitionem amicorum
epularem,
quia haberet
conjunctionem vitæ,
melius quam Græci,

cependant elle peut être charmée
par des repas modestes.
Enfant, je voyais souvent
C. Duïlius, fils de Marcus,
étant alors vieux,
lui qui le premier
avait battu les Carthaginois
avec une flotte (sur mer),
revenant du souper ;   [ses
il se plaisait à *avoir* des torches nombreu-
et des joueurs-de-flûte,
choses que simple-citoyen
il avait prises pour lui (s'était permises)
aucun exemple *ne l'autorisant :*
tant de licence
la gloire *lui* donnait !
   45. Mais pourquoi
moi *cité-je* les autres ?
Dès-à-présent je reviendrai à moi-même.
D'abord
j'ai eu toujours des compagnons-de-table.
Or *ces* compagnies
furent formées,
moi *étant* questeur,   [Dieux
les sacrifices Idéens de la grande mère *des*
ayant été reçus *à Rome.*
Donc je faisais-des-repas
tout-à-fait modérément
avec *mes* compagnons,
mais une certaine ardeur d'âge
y existait :
lequel (âge) s'avançant,   [(calmes)
toutes choses deviennent plus douces
de jour en jour.
Or en effet je ne mesurais pas
le charme de *ces* banquets
par les plaisirs du corps
plutôt que par la réunion
et la conversation de *mes* amis.
Car nos ancêtres
ont nommé avec-raison
convivium,
une réunion-couchée d'amis
pour-un-festin,
parce qu'elle avait (possédait)
une union de la vie,
mieux que les Grecs,

Græci, qui hoc idem tum *compotationem*, tum *concœnationem*
vocant : ut, quod in eo genere minimum est, id maxime probare videantur.

XIV. 46. Ego vero propter sermonis delectationem tempes-
tivis quoque conviviis delector, nec cum æqualibus solum, qui
pauci admodum restant, sed cum vestra etiam ætate atque vobiscum : habeoque senectuti magnam gratiam, quæ mihi sermonis aviditatem auxit, potionis et cibi sustulit. Quod si quem
etiam ista delectant (ne omnino bellum indixisse videar voluptati, cujus est etiam fortasse quidam naturalis motus) : non
intelligo, ne in istis quidem voluptatibus ipsis, carere sensu
senectutem. Me vero et magisteria delectant, a majoribus in-
stituta ; et is sermo, qui, more majorum, a summo adhibetur in
poculis ; et pocula, sicut in Symposio Xenophontis est, minuta

sions moins heureuses, puisqu'elles n'indiquent que l'action de
boire ou de *manger ensemble* : ils semblent ainsi attacher le plus de
prix à ce qui dans un festin en mérite le moins.

XIV. 46. Pour moi j'aime ces repas que prolonge le charme de
la conversation ; je les aime non-seulement avec les hommes de mon
âge, dont il ne reste plus qu'un bien petit nombre, mais avec ceux
du vôtre et avec vous : j'ai même une grande obligation à la vieillesse
qui m'a donné plus de goût pour la conversation et m'en a ôté pour
le boire et le manger. Si cependant on trouve quelque charme aux
plaisirs de la table (car je ne veux pas paraître avoir tout à fait déclaré
la guerre au plaisir, dont la nature elle-même nous fait peut-être
éprouver le besoin), je ne comprends pas pourquoi la vieillesse serait
privée de cette sorte de jouissances. J'aime, je l'avoue, ces royautés
de table établies par nos ancêtres, et ce discours que le roi du festin
prononce à la manière de nos pères, le verre en main ; j'aime, comme
dans le *Banquet* de Xénophon, ces petites coupes qu'on vide goutte

qui vocant hoc idem	qui appellent cette même chose
tum compotationem,	tantôt réunion-pour-boire,
tum concœnationem :	tantôt réunion-pour-manger :
ut videantur	de sorte qu'ils paraissent
probare id maxime,	approuver ceci le plus,
quod est minimum	qui est le moindre
in eo genere.	dans ce genre.
XIV. 46. Ego vero	XIV. 46. Pour moi vraiment
propter delectationem	à cause du charme
sermonis,	de la conversation,
delector quoque	je suis charmé aussi [heure,
conviviis tempestivis,	des repas qui - commencent - de - bonne -
nec solum cum æqualibus,	et non-seulement avec *mes* égaux-en-âge,
qui restant admodum pauci,	qui restent tout-à-fait en-petit-nombre,
sed etiam cum vestra ætate	mais aussi avec *ceux de* votre âge
atque vobiscum ;	et avec vous;
habeoque magnam gratiam	et j'ai une grande reconnaissance
senectuti,	à la vieillesse,
quæ auxit mihi	qui a augmenté pour moi
aviditatem sermonis,	l'avidité de la conversation,
sustulit potionis	et a supprimé *celle* du boire
et cibi.	et du manger.
Quod si etiam ista	Que si même ces choses
delectant quem	charment quelqu'un
(ne videar	(pour que je ne paraisse pas
indixisse omnino bellum	avoir déclaré tout-à-fait la guerre
voluptati,	au plaisir,
cujus motus	dont le mouvement (l'entraînement)
est fortasse etiam	est peut-être aussi
quidam naturalis) :	un certain *mouvement* naturel) :
non intelligo senectutem	je ne pense pas la vieillesse
carere sensu [tibus	être privée de la faculté-de-sentir
ne in istis quidem volupta-	pas même dans ces plaisirs
ipsis.	eux-mêmes.
Me vero	Pour moi vraiment
et magisteria	et les royautés *de table*
instituta a majoribus	instituées par *nos* ancêtres
delectant;	*me* charment;
et is sermo,	et ce discours,
qui, more majorum,	qui, à la manière de *nos* ancêtres,
adhibetur	est employé (prononcé)
a summo	par celui qui-est-au-haut-bout *de la table*
in poculis;	au milieu des coupes;
et pocula minuta	et *ces* coupes petites
et rorantia,	et qui arrosent-légèrement,
sicut est	comme *cela* est
in Symposio Xenophontis;	dans le Banquet de Xénophon;

atque rorantia [1]; et refrigeratio æstate, et vicissim aut sol aut ignis hibernus. Quæ quidem etiam in Sabinis persequi soleo, conviviumque vicinorum quotidie compleo; quod ad multam noctem, quam maxime possumus, vario sermone producimus [2].

47. At non est voluptatum tanta quasi titillatio in senibus. — Credo : sed ne desideratio quidem. Nihil autem molestum, quod non desideres. Bene Sophocles, quum ex eo quidam jam affecto ætate [3] quæreret, utereturne rebus venereis : « Dii meliora [4]! inquit : libenter vero istinc, sicut a domino agresti ac furioso, profugi. » Cupidis enim rerum talium odiosum fortasse et molestum est carere; satiatis vero et expletis jucundius est carere, quam frui. Quanquam non caret is, qui non desiderat : ego non desiderare dico esse jucundius.

48. Quod si istis ipsis voluptatibus bona ætas fruitur liben-

à goutte; le frais en été, en hiver le soleil ou le coin du feu. Voilà ma manière de vivre à ma campagne de Sabine; tous les jours je rassemble à ma table autant de mes voisins que j'en puis recevoir, et de propos en propos nous prolongeons notre festin aussi avant dans la nuit que nous le pouvons.

47. Mais, dit-on encore, les plaisirs n'ont plus le même piquant pour les vieillards. — C'est vrai : mais aussi les désirs sont bien moins vifs. Or, où le désir n'est plus, la privation ne saurait être pénible. Sophocle fit une belle réponse à un homme qui lui demandait, lorsque déjà il était avancé en âge, s'il usait encore des plaisirs de l'amour : « Que les dieux m'en préservent! lui dit-il : j'ai été assez heureux de fuir ce maître sauvage et furieux. » Sans doute, pour ceux qui sont avides de ces plaisirs, la privation a quelque chose de pénible et d'odieux; mais pour ceux qui en ont pleinement joui, et qui en sont rassasiés, la privation est préférable à la jouissance; si toutefois on est véritablement privé de ce qu'on ne désire pas. Et je prétends que l'absence du désir vaut mieux que la jouissance.

48. Que si, dans le bel âge, on goûte avec plus d'ardeur les plaisirs

et refrigeratio æstate,
et vicissim
aut sol aut ignis hibernus.
Quæ quidem
soleo persequi
etiam in Sabinis,
compleoque quotidie
convivium vicinorum;
quod producimus
sermone vario
ad noctem multam
quam maxime possumus.
  47. At
quasi titillatio
voluptatum
non est tanta in senibus.
— Credo :
sed ne desideratio quidem.
Nihil autem
quod non desideres
molestum.
Sophocles inquit bene,
quum quidam
quæreret ex eo
jam affecto ætate
utereturne rebus venereis :
« Dii meliora !
profugi vero istinc
libenter,
sicut a domino
agresti ac furioso. »
Carere enim
est fortasse odiosum
et molestum
cupidis talium rerum;
satiatis vero
et expletis
carere est jucundius
quam frui.
Quanquam is non caret
qui non desiderat :
ego dico
non desiderare
esse jucundius.
  48. Quod si bona ætas
fruitur libentius
istis voluptatibus ipsis,

et le frais pendant l'été,
et à son tour
ou le soleil ou le feu d'-hiver.
Lesquelles choses vraiment
j'ai-coutume de rechercher
même dans ma campagne-de-Sabine,
et je complète tous les jours
un festin de voisins;
que nous prolongeons
par une conversation variée
jusqu'à la nuit profonde (avancée)
le plus que nous pouvons.
  47. Mais
pour-ainsi-dire le chatouillement
des plaisirs
n'est pas si grand chez les vieillards.
— Je le crois :
mais pas même le désir *n'est aussi grand*.
Or aucune chose
que vous ne désiriez pas
n'est pénible *par la privation*.
Sophocle a dit bien,
comme quelqu'un
demandait à lui
déjà atteint par l'âge
s'il usait des plaisirs de-Vénus : [choses !
« *Que les Dieux m'accordent* de meilleures
mais je me suis enfui de là
de-bon-cœur,
comme de chez un maître
sauvage et furieux. »
En effet être privé
est peut-être chose fâcheuse
et pénible   [ses ;
pour ceux *qui sont* désireux de telles cho-
mais pour ceux qui sont rassasiés
et repus
être privé est plus agréable
que jouir.
Toutefois celui-là n'est pas privé
qui ne désire pas :
et moi je dis
ne pas désirer (l'absence du désir)
être plus agréable.
  48. Que si le bon (bel) âge
jouit plus volontiers
de ces plaisirs mêmes;

tius, primum parvulis fruitur rebus, ut diximus : deinde iis,
quibus senectus, si non abunde potitur, non omnino caret. Ut
Turpione Ambivio [1] magis delectatur, qui in prima cavea
spectat, delectatur tamen etiam, qui in ultima : sic adolescentia voluptates propter intuens magis fortasse lætatur ; sed delectatur etiam senectus procul eas spectans ; tantum, quantum
sat est.

49. At illa quanti sunt, animum, tanquam emeritis stipen-
diis libidinis, ambitionis, contentionis, inimicitiarum, cupi-
ditatum omnium, secum esse, secumque, ut dicitur, vivere !
Si vero habet aliquod tanquam pabulum studii atque doctrinæ,
nihil est otiosa senectute jucundius. Mori pæne videbamus in
studio demetiendi cœli atque terræ C. Gallum [2], familiarem
patris tui, Scipio. Quoties illum lux, noctu aliquid describere
ingressum, quoties nox oppressit, quum mane cœpisset ! Quam

de cette sorte, d'abord, je le répète, leur jouissance est peu de chose,
ensuite la vieillesse, pour en jouir moins pleinement, n'en est pas
absolument privée. Quand Ambivius Turpion est sur la scène, le
spectateur assis au premier rang jouit mieux sans doute de l'acteur ;
néanmoins, celui qui est au dernier rang en peut jouir encore. Il en
est de même de la jeunesse : voyant les plaisirs de plus près, elle en
jouit peut-être davantage ; mais la vieillesse, qui les regarde de plus
loin, en jouit aussi, et cette jouissance lui suffit.

49. Et de quel prix ne sera point pour vous le bonheur d'avoir
pour ainsi dire payé votre dette à l'amour, à l'ambition, aux rivalités, à toutes les passions en un mot ; d'être enfin à vous, et de
vivre, comme on dit, avec vous-même ! Si l'on a en outre quelque
science, quelque objet d'étude, qui puisse servir d'aliment à l'esprit,
je ne sais rien de plus agréable que les loisirs d'une telle vieillesse.
C. Gallus, l'ami de votre père, Scipion, ne l'avons-nous pas vu
mourir, pour ainsi dire, en travaillant à mesurer le ciel et la terre ?
Combien de fois le jour le surprit au milieu d'observations com-
mencées pendant la nuit, et la nuit, sur des calculs entrepris depuis

primum fruitur	d'abord il jouit
rebus parvulis,	de choses bien-petites,
ut diximus :	comme nous avons dit :
deinde iis,	ensuite *il jouit* de ces choses,
quibus senectus	dont la vieillesse
non caret omnino,	n'est pas privée tout-à-fait,
si non potitur abunde.	si elle ne *les* possède pas en abondance.
Ut qui spectat	De même que celui qui regarde
in prima cavea	au premier rang
delectatur magis	est charmé davantage
Ambivio Turpione;	par Ambivius Turpion;
tamen qui in ultima	et *que* cependant celui qui *est* au dernier
delectatur etiam :	est charmé aussi
sic adolescentia,	de même la jeunesse,
intuens voluptates propter,	contemplant les plaisirs de près,
delèctatur fortasse magis;	est charmée peut-être davantage;
sed senectus	mais la vieillesse
delectatur etiam	est charmée aussi
spectans eas procul;	les regardant de loin;
tantum quantum est sat.	*et c'est* autant qu'il est suffisant.
49. At illa,	49. Mais ces choses,
animum esse secum,	l'âme être avec elle-même,
vivereque secum,	et vivre avec elle-même,
ut dicitur,	comme il est dit,
tanquam	pour-ainsi-dire
stipendiis libidinum,	le service des désirs (de l'amour),
ambitionis, contentionis,	de l'ambition, de la rivalité,
inimicitiarum,	des inimitiés,
omnium cupiditatum,	de toutes les passions,
emeritis,	étant accompli (achevé),
quanti sunt !	de quel-grand *prix* sont-elles !
Si vero habet	Mais si *la vieillesse* a
tanquam aliquod pabulum	comme un aliment
studii atque doctrinæ,	d'étude et d'instruction,
nihil est jucundius	rien n'est plus agréable
senectute	qu'une vieillesse
otiosa.	oisive (éloignée des affaires).
Videbamus C. Gallum	Nous voyions C. Gallus,
familiarem tui patris,	l'ami de votre père,
Scipio,	Scipion,
mori pæne in studio cœli	mourir presque dans l'étude du ciel
demetiendi	devant être mesuré
atque terræ.	et de la terre *devant être mesurée*.
Quoties lux oppressit illum	Combien de fois la lumière l'a surpris
ingressum noctu	ayant entrepris de nuit
describere aliquid,	de tracer quelque chose (quelque figure),
quoties nox,	combien-de-fois la nuit *l'a surpris*,

delectabat eum, defectiones solis et lunæ multo nobis ante·
prædicere!

·50. Quid in levioribus studiis, sed tamen acutis? Quam
gaudebat *bello* suo *Punico* Nævius! Quam *Truculento* Plau-
tus! Quam *Pseudolo!* Vidi etiam senem Livium ¹ : ·qui, quum
sex annis antequam ego natus sum, fabulam docuisset, Centone Tuditanoque consulibus², usque ad adolescentiam meam
processit ætate. Quid de P. Licinii Crassi et pontificii et civilis
juris studio loquar? aut de hujus P. Scipionis⁵, qui his paucis
diebus pontifex maximus factus est? Atqui eos omnes, quos
commemoravi, his studiis flagrantes senes vidimus. M. vero·
Cethegum⁴, quem recte *Suadæ medullam* dixit Ennius, quanto
studio exerceri in dicendo videbamus, etiam senem! Quæ
sunt igitur epularum aut ludorum aut scortorum voluptates
cum his voluptatibus comparandæ? Atque hæc quidem studia

le matin! Quelle joie pour lui de nous prédire, longtemps avant leur
apparition, les éclipses de soleil et de lune!

50. Parlerai-je d'études moins sérieuses, mais qui pourtant demandent un esprit ingénieux? Comme Névius se complaisait dans
sa *guerre Punique!* Plaute, dans son *Truculentus* et son *Pseudolus!* J'ai
vu aussi le vieil Andronicus qui, après avoir donné une pièce de·
théâtre six ans avant ma naissance, sous le consulat de Centon et
de Tuditanus, prolongea encore son existence jusqu'au temps de ma
jeunesse. Vous parlerai-je des études de P. Licinius Crassus dans le·
droit pontifical et le droit civil? ou de celles de ce P. Scipion qui,
ces jours derniers, a été nommé grand-pontife? Tous ces vieillards,
nous les avons vus brûlant d'ardeur pour leurs études. Et ce M. Céthégus, qu'Ennius a si bien nommé le *Génie de la Persuasion*, avec
quel feu nous le voyions s'exercer, jusque dans sa vieillesse, dans
l'art de bien dire! Que sont les plaisirs de la table, du jeu ou de
l'amour, comparés à de pareils plaisirs? Voilà les jouissances de

quum cœpisset mane !	lorsqu'il avait commencé le matin !
Quam eum delectabat	Combien le charmait
nobis prædicere	*le plaisir de* nous prédire
defectiones solis atque lunæ	les éclipses de soleil et de lune
multo ante !	beaucoup à l'avance !
50. Quid	50. Que *dirai-je*
in studiis levioribus,	sur des études plus frivoles,
sed tamen acutis ?	mais cependant ingénieuses ?
Quam Nævius gaudebat	Combien Névius se complaisait
suo bello Punico ! '	dans sa guerre Punique !
Quam Plautus Truculento !	Combien Plaute dans *son* Truculentus !
Quam Pseudolo !	Combien dans *son* Pseudolus !
Vidi etiam	J'ai vu aussi
senem Livium : qui,	le vieux Livius *Andronicus* : qui,
quum docuisset fabulam,	après qu'il eut enseigné (donné) une pièce,
sex annis	six ans
antequam ego natus sum,	avant que je fusse né,
Centone Tuditanoque	Centon et Tuditanus
consulibus,	*étant* consuls,
processit ætate [tiam.	s'avança par l'âge
usque ad meam adolescen-	jusqu'à ma jeunesse.
Quid loquar	Que dirai-je
de studio juris	de l'étude du droit
et pontificii et civilis	et pontifical et civil
Licinii Crassi !	de Licinius Crassus ?
aut de hujus P. Scipionis	ou *de celle* de ce P. Scipion [jours),
qui, his paucis diebus,	qui, ces quelques jours-ci (voici peu de
factus est	a été fait
maximus pontifex ?	grand-pontife ?
Atqui vidimus omnes eos,	Or, nous avons vu tous ceux-ci,
quos commemoravi,	que j'ai rappelés,
senes	*étant* vieux,
flagrantes his studiis.	brûlant pour ces études.
M. vero Cethegum,	Quant à M. Céthégus
quem Ennius dixit recte	qu'Ennius a dit (nommé) avec raison
medullam suadæ,	la moëlle de la persuasion,
quanto studio	avec quelle ardeur
videbamus exerceri	nous *le* voyions s'exercer
in dicendo,	à parler,
etiam senem !	même *étant* vieillard !
Quæ igitur voluptates	Quels plaisirs donc
epularum, aut ludorum,	de festins, ou de jeux,
aut scortorum,	ou de courtisanes,
comparandæ sunt	peuvent être comparés
cum his voluptatibus ?	à ces plaisirs ?
Atque hæc quidem	Et ceux-ci (tels) *sont* vraiment
studia doctrinæ :	les études (le goût) de la science :

doctrinæ : quæ quidem prudentibus et bene institutis pariter cum ætate crescunt ; ut honestum illud Solonis sit, quod ait versiculo quodam, ut ante dixi, *senescere se, multa in dies addiscentem* : qua voluptate animi nulla certe potest esse major.

XV. 51. Venio nunc ad voluptates agricolarum, quibus ego incredibiliter delector : quæ nec ulla impediuntur senectute, et mihi ad sapientis vitam proxime videntur accedere. Habent enim rationem cum terra, quæ nunquam recusat imperium, nec unquam sine usura reddit, quod accepit : sed alias minore, plerumque majore cum fœnore. Quanquam me quidem non fructus modo, sed etiam ipsius terræ vis ac natura delectat : quæ, quum gremio mollito ac subacto sparsum semen excepit, primum id occæcatum cohibet, ex quo *occatio*, quæ hoc efficit, nominata est : deinde tepefactum vapore et com-

l'étude. Pour les hommes sages et les esprits cultivés, ces jouissances croissent avec l'âge ; aussi est-ce une belle pensée qu'exprime le vers de Solon que nous avons déjà cité : « Je vieillis, en apprenant tous les jours. » Il n'y a point de volupté qui surpasse cette volupté de l'esprit.

XV. 51. J'en viens maintenant aux plaisirs de l'agriculture, auxquels je trouve un charme incroyable : car l'âge n'y peut apporter aucun obstacle et ils me semblent être ceux qui s'accordent le mieux avec la vie du sage. Ils n'ont affaire qu'à la terre, qu'on trouve toujours docile et soumise, et qui, plus ou moins prodigue, ne rend jamais qu'avec usure ce qu'elle a reçu. Toutefois, ce ne sont pas tant les fruits qui me charment que la nature et la vertu de la terre : Lorsque, dans son sein amolli et ouvert par le soc, elle a reçu la semence que répand la main du laboureur, cette semence, d'abord dérobée au jour et recouverte par la herse, puis échauffée par la pression et la douce moiteur du sol, s'entr'ouvre et pousse au dehors une

quæ quidem crescunt	lesquelles vraiment croissent
prudentibus	pour les *gens sages*
et bene institutis	et bien instruits (ayant de bons principes)
pariter cum ætate ;	également avec l'âge ;
ut illud Solonis	de sorte que cette *parole* de Solon
sit honestum,	est belle,
quod ait quodam versiculo,	qu'il dit dans un certain vers,
ut dixi ante,	comme j'ai dit auparavant,
se senescere	lui-même vieillir
addiscentem multa	ajoutant-à-ses connaissances beaucoup
in dies :	*de jour* en jour : [de choses
qua voluptate	au prix duquel plaisir
nulla certe	aucun *autre* certainement
potest esse major.	ne peut être plus grand.
XV. 51. Nunc venio	XV. 51. Maintenant j'*en* viens
ad voluptates agricolarum,	aux plaisirs des cultivateurs,
quibus ego delector	dans lesquels je me complais
incredibiliter :	incroyablement (excessivement) :
quæ nec impediuntur	lesquels et ne sont empêchés
ulla senectute	par aucune vieillesse
et videntur mihi	et paraissent à moi
accedere proxime	approcher le plus près
ad vitam sapientis.	de la vie du sage.
Habent enim rationem	Ils ont en effet affaire
cum terra,	avec la terre,
quæ nunquam	qui jamais
recusat imperium,	ne refuse le commandement,
nec reddit unquam	et ne rend jamais
sine usura	sans usure
quod accepit :	ce qu'elle a reçu :
sed alias fœnore minore,	mais quelquefois avec un profit moindre,
plerumque majore.	le plus souvent, avec un plus grand.
Quanquam	Cependant
non modo fructus,	non-seulement les fruits,
sed etiam vis	mais aussi la force (la vertu)
ac natura terræ ipsius	et la nature de la terre elle-même
me delectat quidem :	me charme vraiment :
quæ, quum excepit semen	laquelle, lorsqu'elle a reçu la semence
sparsum gremio mollito	répandue dans *son* sein amolli
ac subacto,	et remué (labouré),
primum cohibet id	d'abord retient cette *semence*
occæcatum,	aveuglée (recouverte) *à l'aide de la herse,*
ex quo occatio,	d'où le hersage,
quæ efficit hoc,	qui produit cet *effet,*
nominata est :	a été nommé (a pris son nom) :
deinde diffindit	ensuite elle *la* fend
tepefactum vapore	*une fois* attiédie par *sa* chaleur

pressu suo diffindit, et elicit herbescentem ex eo viriditatem :
quæ, nixa fibris stirpium, sensim adolescit, culmoque erecta
geniculato, vaginis jam quasi pubescens includitur : e quibus
quum emersit, fundit frugem spici, ordine structam, et contra
avium minorum morsus munitur vallo aristarum.

52. Quid ego vitium ortus, satus, incrementa commemo-
rem? Satiari delectatione non possum, ut meæ senectutis requietem oblectamentumque noscatis. Omitto enim vim ipsam
omnium, quæ generantur e terra : quæ ex fici tantulo grano,
aut ex acino vinaceo, aut ex ceterarum frugum ac stirpium
minutissimis seminibus tantos truncos ramosque procreat.
Malleoli, plantæ, sarmenta, viviradices, propagines, nonne
ea efficiunt, ut quemvis cum admiratione delectent? Vitis quidem, quæ natura caduca est, et, nisi fulta sit, fertur ad ter-

pointe verdoyante, qui bientôt, se fortifiant dans sa racine, grandit
peu à peu et forme une tige noueuse : cependant le germe enfermé
dans une enveloppe où il achève son mystérieux développement,
s'en échappe enfin et présente un épi d'une structure régulière, qu'un
rempart de pointes piquantes défend contre les insultes des petits
oiseaux.

52. Que vous dirai-je de la plantation, de la naissance, de l'accrois-
sement de la vigne? C'est un plaisir dont je ne peux me rassasier,
et je veux vous faire connaître les délassements, les délices de ma
vieillesse. Je ne parlerai pas ici de la force productive de la terre,
qui d'une si petite graine de figuier, ou d'un pepin de raisin, ou des
semences presque imperceptibles des autres plantes, fait sortir
d'énormes troncs et des rameaux immenses. Les marcottes, les plants,
les sarments, les racines vivaces, les provins n'ont-ils pas de quoi
nous charmer et exciter notre admiration? La vigne, faible de sa
nature, et qui ramperait sur le sol, si elle n'était soutenue, se sert,

et suo compressu,	et sa compression,
et elicit ex eo	et fait-sortir d'elle
viriditatem herbescentem :	une verdure en-forme-d'herbe :
quæ,	laquelle,
nixa fibris stirpium,	s'appuyant sur les filaments des racines,
adolescit sensim,	grandit insensiblement,
erectaque	et s'élevant
culmo geniculato,	en chalumeau noueux,
jam quasi pubescens	*et* déjà pour-ainsi-dire se développant
includitur vaginis ;	reste-enfermée dans un fourreau ;
e quibus	hors duquel
quum emersit,	lorsqu'elle est sortie,
fundit frugem spici,	elle répand (porte) le fruit de l'épi,
structam ordine,	disposé avec ordre,
et munitur	et se munit
vallo aristarum	d'un rempart de pointes (de barbes)
contra morsus	contre les morsures
minorum avium. [rem	des petits oiseaux.

52. Quid ego commemo-
ortus, satus,
incrementa vitium ?
Non possum satiari
delectatione,
ut noscatis requietem
oblectamentumque
meæ senectutis.
Omitto enim vim ipsam
omnium,
quæ generantur e terra :
quæ procreat truncos
ramosque tantos
ex grano tantulo fici,
aut ex acino vinaceo,
aut ex seminibus
minutissimis
ceterarum frugum
ac stirpium.
Malleoli, plantæ,
sarmenta, viviradices,
propagines,
nonne efficiunt ea,
ut delectent quemvis
cum admiratione ?
Vitis quidem,
quæ est caduca natura,
et fertur ad terram,
nisi fulta sit,

52. Pourquoi rappellerais-je
la naissance, la plantation,
la croissance des vignes ?
Je ne puis être rassasié
par le charme *de ce spectacle*,
afin que vous sachiez le délassement
et les délices
de ma vieillesse.   [même
J'omets en effet la force *productive* elle-
de toutes *les plantes*,
qui naissent de la terre :
laquelle procrée des troncs-d'arbres
et des branches si-grandes
de la graine si-petite du figuier,
ou du pepin de-raisin,
ou des semences
très-petites
des autres fruits-de-la-terre
et des racines.
Les marcottes, les plants,
les sarments, les racines-vivaces,
les provins,
ne produisent-ils pas ceci,
qu'ils charment chacun
avec admiration ?
La vigne vraiment
qui est faible de *sa* nature,
et *qui* se porte vers la terre,
si elle n'est soutenue,

ram, eadem, ut se erigat, claviculis suis, quasi manibus, quidquid est nacta, complectitur : quam serpentem multiplici lapsu
et erratico, ferro amputans coercet ars agricolarum, ne sil-
vescat sarmentis et in omnes partes nimia fundatur.

53. Itaque, ineunte vere, in iis, quæ relicta sunt, exsistit
tanquam ad articulos sarmentorum ea, quæ gemma dicitur :
a qua oriens uva sese ostendit : quæ, et succo terræ et calore
solis augescens, primo est peracerba gustatu, deinde maturata
dulcescit, vestitaque pampinis, nec modico tepore caret, et
nimios solis defendit ardores. Qua quid potest esse tum fructu
lætius, tum adspectu pulchrius? Cujus quidem non utilitas
me solum, ut ante dixi, sed etiam cultura et ipsa natura delectat : adminiculorum ordines, capitum jugatio, religatio et

pour s'élever, de ses vrilles, comme d'autant de mains, et embrasse
tout ce qu'elle rencontre; comme elle s'échappe de tous côtés en
jets vagabonds et multipliés, le fer du cultivateur réprime prudem-
ment ce luxe inutile et l'empêche de se perdre en une végétation
stérile.

53. Aussi, au retour du printemps, voit-on, sur les ceps épargnés,
et comme aux articulations des sarments, poindre ce qu'on appelle
le bourgeon, où bientôt la grappe va se montrer : celle-ci, fécondée
par les sucs de la terre et la chaleur du soleil, est d'abord âpre au
goût, puis elle s'adoucit en mûrissant et, à l'abri du pampre qui la
couvre, elle conserve une douce chaleur, sans avoir à craindre les
feux brûlants du soleil. Est-il rien de plus délicieux que le fruit de
la vigne? de plus beau que sa grappe vermeille? Et ce n'est pas
seulement, comme je l'ai déjà dit, son utilité qui me plaît, c'est aussi
sa nature, et les soins qu'il faut donner à sa culture; j'aime à ali-
gner ces longues files d'échalas, à lier et à rattacher les ceps, à

eadem , ut se erigat,	cette-même *vigne*, pour qu'elle s'élève,
complectitur	embrasse
suis claviculis,	avec ses vrilles,
quasi manibus,	comme avec des mains,
quidquid nacta est :	tout ce qu'elle a rencontré :
ars agricolarum	l'art des agriculteurs
coercet quam serpentem	réprime elle qui serpente
lapsu multiplici	par une marche multipliée
et erratico,	et vagabonde,
amputans ferro,	coupant avec le fer,
ne silvescat	pour qu'elle ne pousse-pas-trop-de-bois
sarmentis	par *ses* sarments
et fundatur nimia	et ne se répande pas à-l'excès
in omnes partes.	de tous côtés.
53. Itaque,	53. Aussi,
vere ineunte,	le printemps commençant,
ea quæ dicitur gemma	ce qui est appelé le bourgeon (l'œilleton)
exsistit in iis	ressort dans ces *ceps*
quæ relicta sunt,	qui ont été laissés,
tanquam ad articulos	comme aux articulations
sarmentorum ;	des sarments :
a qua uva oriens	duquel *bourgeon* la grappe naissant
sese ostendit :	se montre :
quæ augescens	laquelle grossissant
et succo terræ	et par le suc de la terre
et calore solis,	et par la chaleur du soleil,
primo est peracerba	d'abord est très-âpre
gustatu,	à être goûtée (au goût),
deinde maturata	ensuite étant mûrie
dulcescit,	s'adoucit,
vestitaque pampinis,	et revêtue de pampres,
nec caret	n'est point privée
tepore modico,	d'une chaleur modérée,
et defendit ardores nimios	et écarte les feux excessifs,
solis.	du soleil.
Quid potest esse	Quelle chose peut être
tum lætius fructu	et plus riche par son fruit
qua,	que celle-ci (la vigne),
tum pulchrius aspectu?	et plus belle par son aspect?
Cujus quidem	De laquelle vraiment
non solum utilitas,	non seulement l'utilité,
ut dixi ante,	comme j'ai dit auparavant,
sed etiam cultura	mais aussi la culture
et natura ipsa	et la nature même
me delectat :	me charme :
ordines adminiculorum,	les rangées de soutiens (d'échalas),
jugatio capitum,	les liens des ceps,

propagatio vitium, sarmentorumque ea, quam dixi, aliorum amputatio, aliorum immissio. Quid ego irrigationes? quid fossiones agri repastinationesque proferam, quibus fit multo terra fecundior?

54. Quid de utilitate loquar stercorandi? Dixi in eo libro, quem *De rebus rusticis* scripsi : de qua doctus Hesiodus [1] ne verbum quidem fecit, quum de cultura agri scriberet. At Homerus, qui multis, ut mihi videtur, ante sæculis fuit, Laertem, lenientem desiderium, quod capiebat e filio, colentem agrum [2] et eum stercorantem facit. Nec vero segetibus solum et pratis et arbustis res rusticæ lætæ sunt, sed etiam hortis et pomariis : tum pecudum pastu, apium examinibus, florum omnium varietate. Nec consitiones modo delectant, sed etiam insitiones : quibus nihil invenit agricultura solertius.

multiplier les provins, à émonder ou à diriger les sarments. Parlerai-je aussi des irrigations et de ces labours répétés, qui remuent profondément la terre et qui la rendent si féconde?

54. Parlerai-je enfin de l'utilité des engrais? J'en ai parlé dans mon livre *De la vie rustique :* le savant Hésiode, dans son poëme sur l'agriculture, n'en a pas dit un mot. Cependant Homère, qui vivait, je crois, plusieurs siècles avant lui, nous représente Laërte cultivant et fumant lui-même son champ pour adoucir l'ennui que lui causait l'absence de son fils. Les moissons, les prairies et les vignobles ne sont pas les seules richesses de la campagne : il faut y joindre les jardins potagers et les vergers ; et aussi les pâturages, les essaims d'abeilles, la variété des fleurs. Outre le plaisir de planter, nous avons aussi celui de greffer : ce qui est la découverte la plus ingénieuse de l'agriculture.

religatio vitium	l'action-de-rattacher les rejets
et propagatio,	et *leur* provignement,
eaque amputatio,	et cette amputation,
quam dixi,	que j'ai dite,
aliorum sarmentorum,	de certains sarments,
immissio aliorum.	la conservation de certains autres.
Quid ego proferam	Pourquoi citerais-je
irrigationes ?	les irrigations ?
quid fossiones agri	pourquoi les labours d'un champ
repastinationesque,	et les binages,
quibus terra	par lesquels la terre
fit multo fecundior ?	devient beaucoup plus féconde ?
54. Quid loquar	54. Pourquoi parlerais-je
de utilitate stercorandi ?	de l'utilité de fumer *les terres* ?
Dixi in eo libro,	Je *l'*ai dit dans ce livre,
quem scripsi	que j'ai écrit
De rebus rusticis :	Sur les choses de-la-campagne :
de qua	de laquelle utilité
doctus Hesiodus	le savant Hésiode
ne fecit quidem verbum,	n'a pas même fait (dit) un mot,
quum scriberet	alors qu'il écrivait
de cultura agri.	sur la culture de la terre.
At Homerus,	Mais Homère,
qui fuit	qui a été (a vécu)
multis sæculis ante,	beaucoup de siècles auparavant,
ut mihi videtur,	comme il me semble,
facit Laertem	fait (représente) Laerte
lenientem desiderium	adoucissant le regret
quod capiebat e filio,	qu'il éprouvait de *l'absence de son* fils,
colentem agrum	cultivant *son* champ
et stercorantem eum.	et le fumant.
Nec vero res rusticæ	Mais les choses de-la-campagne
sunt lætæ solum	ne sont pas agréables seulement
segetibus	par les moissons
et pratis, et vineis,	et les prairies, et les vignobles,
et arbustis,	et les arbres,
sed etiam hortis	mais aussi par les jardins
et pomariis :	et les vergers :
tum pastu pecudum,	puis par la pâture des troupeaux,
examinibus apium,	par les essaims des abeilles,
varietate omnium florum.	par la variété de toutes les fleurs.
Nec modo consitiones,	Et non-seulement les plantations,
sed etiam insitiones,	mais aussi les greffes,
delectant :	*nous* charment :
quibus	au prix desquelles *greffes*
agricultura invenit	l'agriculture *n'*a trouvé
nihil solertius.	rien de plus ingénieux.

XVI. 55. Possum persequi multa oblectamenta rerum rusticarum : sed ea ipsa, quæ dixi, fuisse sentio longiora. Ignoscetis
autem. Nam et studio rerum rusticarum provectus sum, et
senectus est natura loquacior : ne ab omnibus eam vitiis videar vindicare. Ergo in hac vita M'. Curius, quum de Samnitibus, de Sabinis, de Pyrrho triumphasset, consumpsit extremum
tempus ætatis : cujus quidem villam ego contemplans (abest
enim non longe a me), admirari satis non possum vel hominis
ipsius continentiam, vel temporum disciplinam. Curio, ad
focum sedenti, magnum auri pondus Samnites quum attulissent, repudiati sunt. Non enim, aurum habere, præclarum
sibi videri dixit, sed eis, qui haberent aurum, imperare.   ˛

56. Poteratne tantus animus non efficere jucundam senectutem? Sed venio ad agricolas, ne a me ipso recedam. In agris

XVI. 55. Je pourrais passer en revue bien d'autres agréments de
la campagne; mais je m'aperçois que j'en ai déjà trop dit. Vous
me le pardonnerez. Je me suis laissé entraîner par le charme que
j'y trouve, et d'ailleurs la vieillesse, vous le savez, aime beaucoup
à parler ; car je ne prétends pas faire croire qu'elle soit sans défauts.
C'est au sein de cette vie que Man. Curius, après avoir triomphé des
Samnites, des Sabins et de Pyrrhus, passa ses derniers jours, et
toutes les fois que je contemple sa maison de campagne, qui est voisine de la mienne, je ne peux me lasser d'admirer ou le désintéressement de ce grand homme ou les mœurs de son siècle. Curius était
assis près de son foyer, quand les Samnites vinrent lui offrir une
grosse somme d'or ; il les renvoya en leur disant : « Ce qui me
semble beau, ce n'est pas d'avoir de l'or, mais de commander à ceux
qui en ont. »

56. Une si grande âme pouvait-elle ne pas rendre la vieillesse
agréable? Mais je reviens aux agriculteurs, pour ne pas m'éloigner

XVI. 55. Possum persequi multa oblectamenta rerum rusticarum : sed sentio ea ipsa, quæ dixi, fuisse longiora. Ignoscetis autem. Nam et provectus sum studio rerum rusticarum, et senectus est loquacior natura : ne videar vindicare eam omnibus vitiis. Ergo M'. Curius, quum triumphasset de Samnitibus, de Sabinis, de Pyrrho, consumpsit extremum tempus ætatis in hac vita : cujus quidem ego contemplans villam (non enim abest longe a me) non possum admirari satis vel continentiam hominis ipsius, vel disciplinam temporum. Quum Samnites attulissent Curio sedenti ad focum pondus magnum auri, repudiati sunt ab eo. Dixit enim videri sibi præclarum non habere aurum, sed imperare eis, qui haberent aurum.

56. Animusne tantus poterat non efficere senectutem jucundam? Sed venio ad agricolas, ne recedam a me ipso.

XVI. 55. Je peux (je pourrais) par- beaucoup d'agréments [courir des choses de-la-campagne : mais je sens ces choses mêmes, que j'ai dites, avoir été trop longues. Mais vous *me* pardonnerez. Car et j'ai été emporté par *mon* goût des (pour les) choses de-la-campagne, et la vieillesse est trop-parleuse de nature : pour que je ne paraisse pas l'affranchir de tous défauts. Donc Manius Curius, lorsqu'il avait triomphé des Samnites, des Sabins, de Pyrrhus, passa le dernier temps de *son* existence dans cette vie : duquel vraiment moi contemplant la maison-de-campagne (car elle n'est pas éloignée beaucoup de moi) je ne puis admirer assez ou le désintéressement de l'homme lui-même, ou la discipline de l'époque. Comme les Samnites avaient apporté à Curius assis à *son* foyer un poids (une somme) considérable d'or, ils furent repoussés par lui. Il dit en effet paraître à lui glorieux non d'avoir de l'or, mais de commander à ceux qui avaient de l'or.

56. Est-ce qu'une âme si grande pouvait ne pas rendre la vieillesse agréable ? Mais je reviens aux agriculteurs, pour que je ne m'écarte pas de moi-même.

erant tum senatores, id est senes : siquidem aranti L. Quinctio
Cincinnato [1] nuntiatum est, eum dictatorem esse factum :
cujus dictatoris jussu magister equitum C. Servilius Ahala Sp.
Mælium, regnum appetentem, occupatum interemit [2]. A villa
in senatum arcessebantur et Curius, et ceteri senes : ex quo,
qui eos arcessebant, *viatores* nominati sunt. Num igitur horum
senectus miserabilis fuit, qui se agri cultione oblectabant?
Mea quidem sententia haud scio an ulla beatior esse possit :
neque solum officio, quod hominum generi universo cultura
agrorum est salutaris, sed et delectatione, quam dixi, et satu-
ritate copiaque rerum omnium, quæ ad victum hominum, ad
cultum etiam Deorum pertinent : ut, quoniam hæc quidam
desiderant, in gratiam jam cum voluptate redeamus. Semper
enim boni assiduique domini referta cella vinaria, olearia,
etiam penaria est, villaque tota locuples est : abundat porco,

de moi-même. Alors les *sénateurs*, c'est-à-dire les vieillards, vivaient
dans les champs : L. Quinctius Cincinnatus labourait quand on lui
annonça qu'il était nommé dictateur, et ce fut par l'ordre de ce dictateur que le maître de la cavalerie, C. Servilius Ahala, surprit et
mit à mort Sp. Mélius, qui aspirait à la royauté. C'est de leurs cam-
pagnes que Curius et les autres vieillards étaient mandés au sénat :
d'où le nom de *viateurs* donné à ceux qui les y allaient chercher.
Était-ce donc une vieillesse misérable que celle de ces hommes qui
se plaisaient à cultiver la terre? Selon moi, il ne peut pas y en avoir
de plus heureuse; non-seulement à cause du devoir qu'elle remplit,
la culture des champs étant un art salutaire à tout le genre humain,
mais par tous ces plaisirs dont je viens de parler, et par l'abondance de
toutes les choses nécessaires au bien-être des hommes et au culte des
Dieux; car, puisque bien des gens tiennent à ces avantages, il faut
nous réconcilier avec la volupté. Un bon fermier, un maître économe
et vigilant a toujours son cellier garni de vin, d'huile et de toutes
sortes de comestibles; la richesse se voit partout dans sa maison : porc,

Tum senatores,	Alors les sénateurs,
id est senes,	c'est-à-dire les vieillards,
erant in agris :	étaient dans les champs :
siquidem nuntiatum est	puisqu'il fut annoncé
L. Quinctio Cincinnato	à L. Quinctius Cincinnatus
aranti [rem :	labourant *en ce moment*
eum factum esse dictato-	lui avoir été fait dictateur :
jussu cujus dictatoris	par l'ordre duquel dictateur
C. Servilius Ahala,	C. Servilius Ahala,
magister equitum,	maître de la cavalerie,
interemit occupatum	tua *après l'avoir* surpris
Sp. Mælium,	Sp. Mélius,
appetentem regnum.	qui aspirait à la royauté.
Et Curius et ceteri senes	Et Curius et tous-les-autres vieillards
arcessebantur	étaient mandés
a villa in senatum :	de *leur* maison-de-campagne au sénat :
ex quo qui arcessebant eos	d'où ceux qui les mandaient
nominati sunt viatores.	ont été appelés viateurs (voyageurs).
Num igitur fuit miserabilis	Est-ce donc qu'elle a été misérable,
senectus horum,	la vieillesse de ceux-ci,
qui se oblectabant	qui se récréaient
cultione agri ?	par la culture de la terre ?
Mea sententia quidem	À mon avis vraiment
haud scio an ulla	je ne sais si aucune *vie*
possit esse beatior :	peut être plus heureuse :
neque solum officio,	et non-seulement par le devoir,
quod cultura agrorum	parce que la culture des champs
est salutaris	est salutaire
universo generi hominum,	à tout le genre des hommes (humain),
sed et delectatione,	mais aussi par le charme
quam dixi,	que j'ai dit,
et saturitate	et par l'affluence
copiaque omnium rerum	et l'abondance de toutes les choses
quæ pertinent	qui se rapportent
ad victum hominum,	à la nourriture des hommes,
etiam ad cultum Deorum :	et aussi au culte des Dieux :
ut redeamus jam in gratiam	afin que nous revenions déjà en grâce
cum voluptate,	avec la volupté,
quoniam quidam	puisque certaines-gens
desiderant hæc.	désirent ces choses.
Cella enim vinaria,	Car le cellier au-vin,
olearia, etiam penaria,	à-l'huile, même aux-comestibles,
domini boni assiduique	d'un maître bon et soigneux
est semper referta,	est toujours rempli,
totaque villa	et toute *sa* maison-de-campagne
locuples :	*est* bien-fournie :
abundat porco,	elle abonde en porc,

hædo, agno, gallina, lacte, caseo, melle. Jam hortum ipsi agricolæ succidiam alteram appellant. Conditiora facit hæc supervacanei etiàm operis aucupium atque venatio.

57. Quid de pratorum viriditate, aut arborum ordinibus, aut vinearum olivetorumque specie dicam? Brevi præcidam. Agro bene culto nihil potest esse nec usu uberius, nec specie ornatius : ad quem fruendum non modo non retardat, verum etiam invitat atque allectat senectus. Ubi enim potest illa ætas aut calescere vel apricatione melius vel igni, aut vicissim umbris aquisve refrigerari salubrius?

58. Sibi igitur habeant arma, sibi equos, sibi hastas, sibi clavam et pilam, sibi natationes atque cursus : nobis senibus ex lusionibus multis talos relinquant et tesseras; id ipsum utrum lubebit; quoniam sine his beata esse senectus potest.

XVII. 59. Multas ad res perutiles Xenophontis libri sunt :

chevreau, agneau, poules, lait, fromage, miel, tout y abonde. Les laboureurs appellent leur potager un *second saloir*. Et dans les moments de loisir, la chasse vient encore ajouter à tant de ressources.

57. Que dirai-je de la verdure des prés, des longues allées d'arbres, de la beauté des vignes et des oliviers? En un mot, rien n'offre un revenu plus riche, un plus ravissant spectacle qu'une campagne bien cultivée : loin de nous empêcher d'en jouir, la vieillesse nous y appelle et nous y convie. Où les vieillards pourraient-ils trouver un soleil plus bienfaisant, un feu plus vif pour se réchauffer, des ombrages, des eaux plus salutaires pour se rafraîchir?

58. Que les jeunes gens gardent donc pour eux les armes, les chevaux, la lance, la massue et la balle, la natation et la course; que de tant de jeux ils nous laissent, à nous, vieillards, les dés et les osselets, et encore, comme il leur plaira : car ces récréations ne sont pas nécessaires au bonheur de la vieillesse.

XVII. 59. Les ouvrages de Xénophon sont très-utiles sous bien des

hædo, agno, gallina,
lacte, caseo, melle.
Jam agricolæ ipsi
appellant hortum
alteram succidiam.
Aucupium
atque venatio
operis etiam supervacanei
facit hæc
conditiora.
57. Quid dicam
de viriditate pratorum,
aut ordinibus arborum,
aut specie vinearum
olivetorumque?
Præcidam brevi.
Nihil potest esse
nec uberius usu,
nec ornatius specie
agro bene culto :
ad fruendum quem
senectus
non modo non retardat,
verum etiam invitat
atque allectat.
Ubi enim illa ætas potest
aut calescere melius
vel apricatione
vel igni,
aut vicissim
refrigerari salubrius
umbris aquisve ?
58. Igitur
habeant sibi arma,
sibi equos, sibi hastas,
sibi clavam et pilam,
sibi natationes
atque cursus :
ex multis lusionibus
relinquant nobis senibus
et talos et tesseras ;
id ipsum utrum libebit,
quoniam senectus
potest esse beata
sine his.
XVII. 59. Libri Xeno-
sunt perutiles [phontis

en chevreau, en agneau, en poules,
en lait, en fromage, en miel.
De plus les agriculteurs eux-mêmes
appellent le jardin
un second saloir.
La chasse-aux-oiseaux
et la chasse-à-la-bête
objet d'une occupation même superflue
rend ces choses
plus assaisonnées (agréables).
57. Que dirai-je
de la verdure des prairies,
ou des rangées d'arbres,
ou de la beauté des vignes
et des plants-d'oliviers?
Je couperai court.
Rien ne peut être
ni plus abondant pour l'usage,
ni plus orné pour la beauté
qu'un champ bien cultivé :
pour jouir duquel
la vieillesse
non-seulement ne fait-pas-obstacle,
mais même invite
et attire.
Où en effet cet âge peut-il
ou se réchauffer mieux
soit par l'exposition-au-soleil
soit par le feu,
ou au contraire [taire
se rafraîchir d'une manière-plus-salu-
par l'ombrage ou les eaux?
58. Donc [les armes,
qu'ils (les jeunes gens) gardent pour eux
pour eux les chevaux, pour eux les lances,
pour eux la massue et la paume,
pour eux la natation
et la course :
de beaucoup (de tant) de jeux
qu'ils laissent à nous vieillards
et les dés et les osselets ;
et cela même s'il *leur* plaît,
puisque la vieillesse
peut être heureuse
sans ces *passe-temps*.
XVII. 59. Les livres de Xénophon
sont très-utiles

quos legite, quæso, studiose, ut facitis. Quam copiose ab eo
agricultura laudatur in eo libro, qui est de tuenda re familiari,
qui *OEconomicus* inscribitur! Atque, ut intelligatis, nihil ei tam
regale videri, quam studium agri colendi, Socrates in eo libro
loquitur cum Critobulo [1] : Cyrum minorem [2], regem Persarum, præstantem ingenio atque imperii gloria, quum Lysander [3] Lacedæmonius, vir summæ virtutis, venisset ad eum
Sardis, eique dona a sociis attulisset, et ceteris in rebus communem erga Lysandrum atque humanum fuisse, et ei quemdam conseptum agrum, diligenter consitum, ostendisse. Quum
autem admiraretur Lysander et proceritates arborum, et di-
rectos in quincuncem ordines, et humum subactam atque pu-
ram, et suavitatem odorum, qui afflarentur e floribus : tum
dixisse, mirari se non modo diligentiam, sed etiam solertiam
ejus, a quo essent illa demensa atque descripta; et ei Cyrum

rapports : lisez-les, je vous prie, avec soin, comme vous le faites.
Avec quelle éloquence il fait l'éloge de l'agriculture dans ce livre où
il traite de l'administration des biens, et qui est intitulé l'*Écono-*
mique! Pour faire comprendre que rien ne lui semble plus royal que
le goût de l'agriculture, il nous montre Socrate conversant avec Critobule et lui faisant ce récit : « Cyrus le jeune, roi des Perses, aussi
grand par son génie que par la gloire de son empire, ayant reçu à
Sardes le Spartiate Lysandre, homme d'un rare mérite, qui lui ap-
portait des présents de la part de ses alliés, le traita avec beaucoup
de politesse et de distinction, et lui montra lui-même son parc, qui
était planté avec le plus grand soin. Lysandre admirait la hauteur
prodigieuse des arbres, les allées disposées en quinconce, la terre bien
ameublie et parfaitement nette, la douceur des parfums que les fleurs
exhalaient; mais ce qui le frappait le plus, disait-il, ce n'était pas
tant le soin avec lequel ce parc était entretenu que l'intelligence de
celui qui en avait tracé le plan. Cyrus lui répondit : « C'est moi qui

ad multas res :	pour beaucoup de choses :
quos legite, quæso,	lisez-les , je vous prie,
studiose, ut facitis.	avec-application, comme vous faites.
Quam copiose	Combien avec-abondance
agricultura laudatur ab eo	l'agriculture est louée par lui
in eo libro,	dans ce livre,
qui est de re familiari	qui est sur (traite de) la fortune domestique
tuenda,	devant être administrée,
qui inscribitur	qui est intitulé
OEconomicus !	l'Économique !
Atque ut intelligatis	Et pour que vous compreniez
nihil videri ei tam regale	rien ne lui paraître si royal
quam studium colendi agri,	que le goût de cultiver la terre,
Socrates loquitur	Socrate parle
in eo libro	dans ce livre
cum Critobulo :	avec Critobule :
Cyrum minorem,	disant Cyrus le jeune ,
regem Persarum,	roi des Perses,
præstantem ingenio	supérieur par son génie
atque gloria imperii,	et la gloire de son gouvernement,
quum Lysander	comme Lysandre
Lacedæmonius,	de-Sparte,
vir virtutis summæ,	homme d'un mérite très-grand,
venisset Sardis ad eum,	était venu à Sardes chez lui,
attulissetque ei dona	et lui avait apporté des présents
a sociis,	de la part de ses alliés ,
et fuisse communem	et avoir été affable
atque humanum	et poli
erga Lysandrum	envers Lysandre
in ceteris rebus,	dans toutes-les-autres choses,
et ostendisse ei [tum,	et lui avoir montré
quemdam agrum consep-	une terre enclose (un parc),
consitum diligenter.	plantée avec soin.
Quum autem Lysander	Mais comme Lysandre
admiraretur	admirait
et proceritates arborum,	et l'élévation des arbres,
et ordines	et leurs rangs
directos in quincuncem,	alignés en quinconce,
et humum subactam	et le sol bien-ameubli
atque puram,	et propre,
et suavitatem odorum,	et la suavité des odeurs,
qui afflarentur e floribus :	qui s'exhalaient des fleurs :
tum dixisse	alors Lysandre avoir dit
se mirari	lui-même admirer
non modo diligentiam,	non-seulement le soin,
sed etiam solertiam ejus,	mais encore l'habileté de celui
a quo illa demensa essent	par qui ces choses avaient été mesurées

respondisse : « Atqui ego omnia ista sum demensus : mei sunt
ordines, mea descriptio; multæ etiam istarum arborum mea
manu sunt satæ. » Tum Lysandrum, intuentem ejus purpuram
et nitorem corporis ornatumque Persicum multo auro multis-
que gemmis, dixisse : « Rite vero te, Cyre, beatum ferunt,
quoniam virtuti tuæ fortuna conjuncta est [1]. »

60. Hac igitur fortuna frui licet senibus : nec ætas impedit,
quominus et ceterarum rerum, et imprimis agri colendi studia
teneamus usque ad ultimum tempus senectutis. M. quidem
Valerium Corvum accepimus ad centesimum annum perdu-
xisse, quum esset acta jam ætate in agris, eosque coleret :
cujus inter primum et sextum consulatum sex et quadraginta
anni interfuerunt. Ita quantum spatium ætatis majores nostri
ad senectutis initium esse voluerunt, tantus illi cursus hono-
rum fuit. Atque ejus extrema ætas hoc beatior, quam media,

ai conçu ce plan, qui ai dessiné ces allées, qui ai tracé ces divisions;
beaucoup même de ces arbres ont été plantés de ma main. » Alors Lysandre, considérant la pourpre dont ce prince était revêtu, l'or et les
pierreries qui étincelaient sur sa robe persane, et rehaussaient sa
beauté naturelle : « C'est avec raison, ô Cyrus, lui dit-il, qu'on vous
appelle heureux, puisqu'en vous le bonheur se joint à la vertu. »

60. Ce bonheur, les vieillards peuvent en jouir, et l'âge ne les empêche pas de conserver, jusqu'au dernier moment, le goût de toutes
les choses et surtout celui de l'agriculture. M. Valérius Corvus, qui
vécut, dit-on, jusqu'à cent ans, s'était retiré à la campagne dans un
âge déjà avancé, et il cultivait lui-même ses terres. Il y eut quarante-
six ans d'intervalle entre son premier et son sixième consulat : ainsi
la carrière des honneurs fut ouverte pour lui pendant autant d'années
qu'il en faut, selon nos pères, pour atteindre au commencement de
la vieillesse. Ses dernières années furent plus heureuses que son âge

atque descripta ;	et tracées ;
et Cyrum respondisse ei :	et Cyrus lui avoir répondu :
« Atqui ego	« Certes moi-*même*
dimensus sum omnia ista ;	j'ai mesuré toutes ces choses ;
ordines sunt mei ,	*ces lignes d'arbres* sont miennes ,
descriptio mea ;	*ce tracé est* mien ;
multæ etiam	beaucoup même
istarum arborum	de ces arbres
satæ sunt mea manu. »	ont été plantés de ma main. »
Tum Lysandrum,	Alors Lysandre,
intuentem purpuram ejus,	contemplant sa pourpre ,
et nitorem corporis,	et la beauté de *son* corps,
ornatumque Persicum	et *sa* parure persique
multo auro	avec beaucoup d'or
multisque gemmis,	et beaucoup de pierreries,
dixisse :	avoir dit :
« Ferunt vero rite	« On dit certes avec raison
te beatum, Cyre,	toi heureux, Cyrus,
quoniam fortuna	puisque la fortune
conjuncta est tuæ virtuti.»	a été jointe à ta vertu. »
60. Licet igitur senibus	60. Il est donc permis aux vieillards
frui hac fortuna :	de jouir de cette fortune :
nec ætas impedit	et l'âge n'empêche pas
quominus teneamus studia	que nous ne gardions le goût
et ceterarum rerum,	et de toutes-les-autres choses,
et imprimis colendi agri ,	et surtout de cultiver la terre,
usque ad ultimum tempus	jusqu'au dernier moment
senectutis.	de la vieillesse.
Accepimus quidem	Nous avons appris vraiment
M. Val. Corvum	M. Valérius Corvus
perduxisse	avoir conduit (prolongé) *son goût*
ad centesimum annum ,	jusqu'à la centième année,
quum esset in agris,	comme il était dans les champs,
ætate acta jam,	*sa* vie étant passée déjà,
coleretque eos :	et qu'il les cultivait :
inter primum [jus	entre le premier
et sextum consulatum cu-	et le sixième consulat duquel
quadraginta et sex anni	quarante et six années
interfuerunt.	furent-dans-l'intervalle.
Ita cursus honorum	Ainsi la carrière des honneurs
fuit illi tantus	fut pour lui aussi grande (longue)
quantum nostri majores	que nos ancêtres
voluerunt	ont voulu
spatium ætatis esse	l'espace de l'âge être
ad initium senectutis.	jusqu'au commencement de la vieillesse.
Atque extrema ætas ejus	Et le dernier âge de lui
beatior quam media,	*fut* plus heureux que l'*âge* moyen,

quod auctoritatis plus habebat, laboris minus. Apex autem
senectutis est auctoritas.

61. Quanta fuit in L. Cæcilio Metello! quanta in Atilio Calatino! in quem illud elogium [1] unicum : PLURIMÆ CONSEN-
TIUNT GENTES, POPULI PRIMARIUM FUISSE VIRUM. Notum est
carmen incisum in sepulcro. Jure igitur gravis, cujus de laudibus omnium esset fama consentiens. Quem virum nuper P.
Crassum [2], pontificem maximum, quem postea M. Lepidum [3], eodem sacerdotio præditum, vidimus! Quid de Paullo
aut Africano loquar, aut, ut jam ante, de Maximo? quorum
non in sententia solum, sed etiam in nutu residebat auctoritas.
Habet senectus, honorata præsertim, tantam auctoritatem,
ut ea pluris sit, quam omnes adolescentiæ voluptates.

XVIII. 62. Sed in omni oratione mementote eam me laudare senectutem, quæ fundamentis adolescentiæ constituta sit.

mûr : car il avait plus d'autorité et moins de fatigue. L'autorité est
la couronne de la vieillesse.

61. Qu'elle fut grande chez L. Cécilius Métellus! chez Atilius Calatinus! lui seul a obtenu l'honneur de cette épitaphe : *Toutes les nations s'accordent à le regarder comme le premier citoyen de Rome.* Vous
connaissez le reste de l'inscription gravée sur son tombeau. Celui-là
sans doute fut grand dont tout le monde s'accorde à faire l'éloge.
Mais quels hommes que ce P. Crassus, naguère grand pontife, et
M. Lépidus, qui fut revêtu de la même dignité! Que dirai-je de Paul-
Émile, ou de l'Africain, ou de Q. Maximus, dont je parlais tout à
l'heure? L'autorité était chez eux non-seulement dans la parole, mais
jusque dans les moindres signes. La vieillesse; surtout quand elle a
passé par les honneurs, a une si grande autorité, que tous les plaisirs
de la jeunesse ne sont rien en comparaison.

XVIII. 62. Mais souvenez-vous que dans tout ce discours la vieillesse dont je fais l'éloge est celle qui a pour fondements les vertus

hoc quod habebat
plus auctoritatis,
minus laboris.
Auctoritas autem
est apex senectutis.
  61. Quanta fuit
in L. Cæcilio Metello !
quanta in Atilio Calatino !
in quem
illud elogium unicum :
PLURIMÆ GENTES,
CONSENTIUNT FUISSE
PRIMARIUM VIRUM PO-
Carmen   [PULI.
incisum in sepulcro
est notum.
Igitur jure
gravis,
de laudibus cujus
fama omnium
esset consentiens.
Quem virum nuper
vidimus
P. Crassum,
maximum pontificem,
quem postea M. Lepidum,
præditum
eodem sacerdotio !
Quid loquar de Paullo,
aut Africano,
aut, ut jam ante,
de Maximo ?
quorum auctoritas
residebat
non solum in sententia,
sed etiam in nutu.
Senectus,
præsertim honorata,
habet auctoritatem tantam,
ut ea sit pluris
quam omnes voluptates
adolescentiæ.
  XVIII. 62. Sed
in omni oratione
mementote me
laudare eam senectutem,
quæ constituta sit

par cela qu'il avait
plus d'autorité,
et moins de fatigue.
Or l'autorité
est la couronne de la vieillesse.
  61. Combien grande fut-elle
dans L. Cécilius Métellus !
combien-grande dans Atilius Calatinus !
pour lequel
on fit cette épitaphe unique :
BEAUCOUP DE NATIONS,
RECONNAISSENT *lui* AVOIR ÉTÉ
LE PREMIER HOMME DU PEUPLE *romain.*
La pièce-de-vers
gravée sur *son* tombeau
est connue.
Donc *celui-là était* avec raison
un grave *personnage,*
sur les louanges duquel
la renommée (l'opinion) de tous
était d'accord.
Quel homme dernièrement
nous avons vu *être*
P. Crassus,
le grand-pontife,
quel ensuite M. Lépidus,
orné
du même sacerdoce !
Que dirai-je de Paul-*Émile,*
ou de l'Africain,
ou, comme déjà ci-dessus,
de Maximus ?
desquels l'autorité
résidait
non-seulement dans l'avis,
mais encore dans les signes.
La vieillesse,
surtout *celle* qui-a-rempli-des-charges,
a une autorité si-grande,
qu'elle est de plus *de prix*
que tous les plaisirs
de la jeunesse.
  XVIII. 62. Mais
dans tout *ce* discours
souvenez-vous moi
louer cette (une telle) vieillesse,
qui soit établie

Ex quo id efficitur, quod ego magno quondam cum assensu omnium dixi : *Miseram esse senectutem, quæ se oratione defenderet.* Non cani, non rugæ repente auctoritatem arripere possunt; sed honeste acta superior ætas fructus capit auctoritatis extremos.

63. Hæc enim ipsa sunt honorabilia , quæ videntur levia atque communia, salutari, appeti, decedi, assurgi, deduci, consuli : quæ et apud nos et in aliis civitatibus , ut quæque optime morata, ita diligentissime observantur. Lysandrum Lacedæmonium, cujus modo mentionem feci, dicere aiunt solitum, Lacedæmone esse honestissimum domicilium senectutis. Nusquam enim tantum tribuitur ætati , nusquam est senectus honoratior. Quinetiam memoriæ proditum est, quum Athenis,

du jeune âge. C'est ainsi que j'ai pu dire autrefois , avec l'assentiment de tous ceux qui m'entendaient, que la vieillesse qui est réduite à se défendre par des paroles est une misérable vieillesse. Ni les cheveux blancs, ni les rides ne peuvent donner tout à coup l'autorité : c'est un fruit qu'on recueille sur le déclin d'une vie honorablement remplie.

63. Il est des choses qui paraissent ordinaires et frivoles, et qui n'en sont pas moins des marques d'honneur pour la vieillesse , comme de nous saluer, de venir au-devant de nous, de se retirer ou de se lever à notre approche, de nous faire cortége, de nous reconduire, de nous consulter , usages qui sont observés chez nous et chez les autres peuples avec d'autant plus de soin que les mœurs y sont meilleures. On rapporte que le Lacédémonien Lysandre, dont je viens de parler, se plaisait à répéter que Sparte était la plus honorable demeure de la vieillesse. Nulle part, en effet, on n'a autant d'égards pour l'âge. On se souvient qu'un jour où l'on célébrait à Athènes des jeux publics,

fundamentis adolescentiæ.
Ex quo id efficitur,
quod ego dixi quondam
cum magno assensu
omnium :
« Senectutem esse miseram.
quæ se defenderet
oratione. »
Non cani, non rugæ
possunt
arripere auctoritatem
repente ;
sed ætas superior
acta honeste
capit extremos fructus
auctoritatis.

63. Hæc enim ipsa
sunt honorabilia,
quæ videntur levia
atque communia,
salutari, appeti,
decedi, assurgi,
deduci, reduci,
consuli :
quæ,
et apud nos,
et in aliis civitatibus,
ut quæque
optime morata,
ita
observantur diligentissime.
Aiunt Lysandrum
Lacedæmonium,
cujus feci mentionem
modo,
solitum dicere,
domicilium senectutis
honestissimum
esse Lacedæmone.
Nusquam enim
tantum tribuitur ætati,
nusquam senectus
est honoratior.
Quinetiam
proditum est memoriæ
quum Athenis, ludis,
quidam

sur les fondements de la jeunesse.
D'où ceci a-lieu,
que j'ai dit autrefois
avec un grand assentiment
de tous :
« Cette vieillesse être misérable,
laquelle se défendait
par un discours. »
Ni les cheveux blancs, ni les rides
ne peuvent
s'emparer de l'autorité
tout à coup ;
mais une vie antérieure
passée honorablement
recueille les derniers fruits
de l'autorité.

63. Car ces choses mêmes
sont honorables,
qui paraissent frivoles
et communes,
être salués, être abordés,
voir-se-retirer, voir-se-lever devant nous,
être accompagnés, être reconduits,
être consultés :
lesquels procédés,
et chez nous,
et dans les autres cités,
selon que chacune
est le mieux gouvernée,
ainsi (à proportion)
sont observés avec-le plus-de-soin.
On dit Lysandre
de-Sparte,
dont j'ai fait mention
tout à l'heure,
avoir eu coutume de dire,
le séjour (l'asile) de la vieillesse
le plus honorable
être à Sparte.
Nulle part ailleurs en effet
autant n'est accordé à cet âge,
nulle part la vieillesse
n'est plus honorée.
Bien plus
il a été transmis à la mémoire,
comme à Athènes, à des jeux,
un certain homme

ludis [1], quidam in theatrum grandis natu venisset, in magno
consessu locum nusquam ei datum a suis civibus : quum autem
ad Lacedæmonios accessisset, qui, legati quum essent, certo
in loco consederant, consurrexisse omnes, et senem illum ses-
sum recepisse.

64. Quibus quum a cuncto consessu plausus esset multiplex
datus, dixisse ex iis quemdam, *Athenienses scire quæ recta essent, sed facere nolle.* Multa in nostro collegio præclara : sed
hoc, de quo agimus, imprimis, quod, ut quisque ætate antecedit, ita sententiæ principatum tenet : neque solum honore
antecedentibus, sed iis etiam, qui cum imperio sunt, majores
natu augures anteponuntur. Quæ sunt igitur voluptates corporis cum auctoritatis præmiis comparandæ? Quibus qui splendide usi sunt, ii mihi videntur fabulam ætatis peregisse, nec,
tanquam inexercitati histriones, in extremo actu corruisse.

un vieillard s'étant présenté au théâtre, il ne se trouva, dans une si
nombreuse assemblée, aucun de ses concitoyens qui voulût lui faire
place ; qu'alors il s'approcha des députés lacédémoniens, qui occu-
paient des places réservées, et que ceux-ci se levèrent tous et lui firent
place au milieu d'eux.

64. Comme toute l'assemblée applaudissait avec transport : « Les
Athéniens, dit un des députés, savent ce qui est bien, mais ils ne veu-
lent pas le faire. » Notre collège des augures, entre plusieurs usages
admirables, en offre un surtout qui se rapporte à notre sujet. L'augure le plus âgé y donne le premier son avis ; l'âge y assure aussi
la préséance, non-seulement sur ceux qui sont plus élevés en dignité,
mais sur ceux même qui sont dans l'exercice du pouvoir. Que sont
donc les voluptés du corps comparées à ces prérogatives, à cette autorité? Ceux qui en ont joui avec éclat ont heureusement terminé,
ce me semble, le drame de la vie, et n'ont point échoué au dernier
acte, comme les acteurs inexpérimentés.

grandis natu	grand par l'âge (avancé en âge)
venisset in theatrum,	était venu au théâtre,
locum datum ei	place n'avoir été donnée à lui
nusquam	nulle part
a suis civibus,	par ses concitoyens,
in magno consessu :	dans une grande assistance :
quum autem accessisset	mais comme il s'était approché
ad Lacedæmonios,	des Lacédémoniens,
qui consederant	qui étaient assis
in loco certo,	dans un lieu déterminé,
quum essent legati,	parce qu'ils étaient ambassadeurs,
omnes consurrexisse,	tous s'être levés,
et recepisse illum senem	et avoir reçu ce vieillard
sessum.	pour s'asseoir (pour qu'il s'assît).

64. Quum plausus
multiplex
datus esset quibus
a cuncto consessu,
quemdam ex iis dixisse,
Athenienses scire
quæ essent recta,
sed nolle facere.
Multa præclara
in nostro collegio :
sed hoc imprimis,
de quo agimus,
quod, ut quisque
antecedit ætate,
ita tenet principatum
sententiæ :   [tu
neque augures majores na-
anteponuntur solum
antecedentibus
honore,
sed iis etiam
qui sunt cum imperio.
Quæ voluptates corporis
comparandæ sunt igitur
cum præmiis auctoritatis ?
Quibus qui usi sunt
splendide,
ii mihi videntur
peregisse fabulam ætatis,
nec corruisse
in extremo actu,
tanquam histriones
inexercitati.

64. Comme un applaudissement
multiplié
avait été donné à ceux-ci
par toute l'assistance,
un d'eux avoir dit,
les Athéniens savoir
quelles choses étaient justes,
mais ne pas vouloir les faire.
Beaucoup de choses remarquables
sont dans notre collége des Augures :
mais ceci surtout,
de quoi nous traitons,
que, selon que chacun
surpasse par l'âge,
ainsi il obtient le premier-rang
de l'avis (pour opiner) :
et les augures plus grands par l'âge
ne sont pas préférés seulement
à ceux qui les surpassent
en dignité,
mais à ceux-là aussi   [pouvoir.
qui sont avec le (dans l'exercice du)
Quels plaisirs du corps
peuvent donc être comparés
avec ces avantages de l'autorité ?
Desquels ceux qui ont usé (joui)
avec-éclat,
ceux-là me paraissent
avoir achevé le drame de la vie
et n'être pas tombés
au dernier acte,
comme des acteurs
sans-expérience (novices).

65. At sunt morosi [1] et anxii et iracundi et difficiles senes :
si quærimus, etiam avari. Sed hæc morum vitia sunt, non
senectutis. Ac morositas tamen, et ea vitia, quæ dixi, habent
aliquid excusationis, non illius quidem justæ, sed quæ probari
posse videatur. Contemni se putant, despici, illudi. Præterea
in fragili corpore odiosa omnis offensio est. Quæ tamen omnia
dulciora fiunt et moribus bonis et artibus; idque tum in vita,
tum in scena intelligi potest ex iis fratribus, qui in *Adelphis* [2]
sunt. Quanta in altero duritas, in altero comitas! Sic se res
habet. Ut enim non omne vinum, sic non omnis ætas vetustate
coacescit. Severitatem in senectute probo, sed eam, sicut alia,
modicam; acerbitatem nullo modo.

66. Avaritia vero senilis quid sibi velit, non intelligo. Potest
enim quidquam esse absurdius, quam, quominus viæ restat,
eo plus viatici quærere?

65. Mais, dira-t-on, les vieillards sont moroses, inquiets, colères,
difficiles, et, pour tout dire, ils sont même avares. Ce sont là des défauts qui tiennent aux mœurs et non à la vieillesse. Et puis la mo-
rosité, ainsi que les autres défauts dont je viens de parler, peuvent
avoir une sorte d'excuse, peu légitime, il est vrai, mais du moins
plausible. Les vieillards s'imaginent qu'on les dédaigne, qu'on les
méprise, qu'on les tourne en ridicule : ajoutez que, dans un corps
débile, le moindre choc est insupportable. Cependant tout cela s'adoucit par les bonnes mœurs et par la culture de l'esprit : c'est ce qu'on
peut voir tous les jours dans la vie, et sur la scène par ces deux
frères des *Adelphes*. Quelle dureté dans l'un, quelle douceur dans
l'autre! Ainsi vont les choses : les hommes sont comme les vins, ils
n'aigrissent pas tous en vieillissant. J'approuve la sévérité dans la
vieillesse, mais je veux qu'elle soit modérée, comme tout le reste :
je ne saurais souffrir l'âpreté.

66. Quant à l'avarice, je ne conçois pas ce qu'elle signifie dans
un vieillard. Y a-t-il quelque chose de plus absurde que d'augmenter
ses provisions de voyage, à mesure qu'on avance vers le terme?

65. At senes	65. Mais les vieillards
sunt morosi et anxii	sont moroses et inquiets
et iracundi et difficiles :	et irascibles et difficiles :
si quærimus,	si nous cherchons *bien*,
etiam avari.	*ils sont* même avares.
Sed hæc vitia	Mais ces défauts
sunt morum,	sont *les défauts* des mœurs,
non senectutis.	non *ceux* de la vieillesse.
Ac tamen morositas,	Et cependant la morosité,
et ea vitia, quæ dixi, [nis,	et ces défauts, que j'ai dits,
habent aliquid excusatio-	ont quelque chose d'excuse (une excuse),
illius	celle-ci
non justæ quidem,	non légitime il est vrai,
sed quæ videatur	mais qui semble
posse probari.	pouvoir être approuvée.
Putant se contemni,	Ils pensent eux être méprisés,
despici, illudi.	être dédaignés, être moqués.
Præterea omnis offensio	En outre tout choc
est odiosa	est odieux
in corpore fragili.	dans un corps débile.
Quæ omnia tamen	Toutes ces choses cependant
fiunt dulciora	deviennent plus douces
et bonis moribus	et par les bonnes mœurs
et artibus;	et par les beaux-arts;
idque potest intelligi	et ceci peut être compris
tum in vita, tum in scena,	et dans la vie, et sur la scène,
ex iis fratribus	d'après ces frères
qui sunt in Adelphis.	qui sont dans les Adelphes.
Quanta duritas in altero,	Quelle dureté dans l'un,
comitas in altero !	*quelle* douceur dans l'autre !
Sic res habet se.	Ainsi la chose a soi (les choses vont).
Ut enim non omne vinum,	Car de même que non tout vin,
sic non omnis ætas	de même non tout âge
coacescit vetustate.	s'aigrit par l'ancienneté.
Probo severitatem	J'approuve la sévérité
in senectute,	dans la vieillesse,
sed eam modicam,	mais celle-ci modérée,
sicut alia;	comme les autres choses;
nullo modo acerbitatem.	en aucune manière l'âpreté.
66. Non vero intelligo	66. Mais je ne comprends pas
quid avaritia senilis	ce que l'avarice du-vieillard
velit sibi.	veut pour soi (cherche).
Quidquam enim potest esse	Quelque chose en effet peut-il être
absurdius,	de plus absurde,
quam quærere	que de chercher
eo plus viatici	d'autant plus de provisions-de-voyage
quo minus viæ restat?	que moins de route reste *à faire?*

XIX. Quarta restat causa, quæ maxime angere atque sollicitam habere nostram ætatem videtur, appropinquatio mortis:
quæ certe a senectute non potest longe abesse. O miserum
senem, qui mortem contemnendam esse in tam longa ætate
non viderit! quæ aut plane negligenda est, si omnino exstinguit animum ; aut etiam optanda , si aliquo eum deducit,
ubi sit futurus æternus. Atqui tertium certe nihil inveniri
potest.

67. Quid igitur timeam, si aut non miser post mortem , aut
beatus etiam futurus sum? Quanquam quis est tam stultus,
quamvis sit adolescens, cui sit exploratum, se ad vesperum
esse victurum? Quinetiam ætas illa multo plures , quam nostra, mortis casus habet. Facilius in morbos incidunt adolescentes; gravius ægrotant; tristius curantur. Itaque pauci veniunt ad senectutem : quod ni ita accideret, melius et prudentius viveretur. Mens enim et ratio et consilium in senibus

XIX. Reste le quatrième grief, celui qui semble tourmenter et
inquiéter le plus notre âge, l'approche de la mort : et en effet, elle
ne peut être fort éloignée. Malheureux le vieillard'qui, dans une si
longue vie, n'a pas vu qu'il faut mépriser la mort! En effet, si elle
anéantit notre âme, pourquoi s'en inquiéter? Si au contraire elle doit
la conduire dans un lieu où elle sera éternelle, ne faut-il pas la
souhaiter? Hors de là on ne peut rien supposer.

67. Qu'ai-je donc à craindre, si je dois après ma mort, ou ne pas
être malheureux, ou même être heureux? Et d'ailleurs est-il un
homme assez insensé, quelque jeune qu'il soit, pour tenir comme
certain qu'il vivra jusqu'au soir? Cet âge même a plus de chances
de mort que le nôtre. Les jeunes gens tombent plus facilement ma-
lades ; leurs maladies sont plus graves et plus difficiles à traiter.
Aussi combien peu arrivent à la vieillesse! Si c'était le contraire, on
vivrait mieux et plus sagement. Le bon sens, la raison, la prudence

XIX. Quarta causa restat,
quæ videtur angere maxime nostram ætatem
atque habere sollicitam,
appropinquatio mortis :
quæ certe non potest abesse longe a senectute.
O senem miserum
qui non viderit
mortem contemnendam esse
in ætate tam longa !
quæ
aut negligenda est plane,
si exstinguit animum omnino ;
aut etiam optanda,
si deducit eum aliquo,
ubi futurus sit æternus.
Atqui certe
nihil tertium
potest inveniri.

67. Quid timeam igitur,
si futurus sum post mortem
aut non miser,
aut etiam beatus ?
Quanquam
quis est tam stultus,
quamvis adolescens sit,
cui exploratum sit,
se victurum esse
ad vesperum ?
Quinetiam illa ætas
habet casus mortis
multo plures quam nostra.
Adolescentes
incidunt facilius in morbos ;
ægrotant gravius ;
curantur tristius.
Itaque pauci
veniunt ad senectutem :
ni quod accideret ita,
viveretur melius
et prudentius.
Mens enim et ratio
et consilium
est in senibus :

XIX. La quatrième cause reste,
laquelle paraît tourmenter le plus notre âge
et *l'*avoir (le tenir) inquiet,
l'approche de la mort :
laquelle certainement ne peut pas être éloignée beaucoup de la vieillesse.
O vieillard malheureux
qui n'aura pas vu
la mort devoir être méprisée
dans une vie si longue !
laquelle
ou doit être négligée entièrement,
si elle anéantit l'âme
tout-à-fait ;
ou même doit être souhaitée,
si elle *la* conduit quelque-part,
où elle doive être éternelle.
Or certainement   [ses)
rien de troisième (hors de ces deux cho-
ne peut être trouvé.

67. Que craindrais-je donc,
si je dois être après la mort
ou non malheureux,
ou même heureux ?
Cependant
qui est assez sot,
quelque jeune qu'il soit,
à qui il soit reconnu (qui se croie sûr)
lui devoir vivre
jusqu'au soir ?
Bien plus cet âge
a des chances de mort
beaucoup plus nombreuses que le nôtre.
Les jeunes gens   [dies ;
tombent plus facilement dans les mala-
ils sont-malades plus gravement ;
ils se guérissent plus difficilement.
Aussi peu *d'hommes*
parviennent à la vieillesse :
si ceci n'arrivait pas ainsi,
il serait vécu (on vivrait) mieux
et plus sagement.
Car le bon sens, et la raison
et la prudence
est (sont) dans les vieillards :

est : qui si nulli fuissent, nullæ omnino civitates essent. Sed redeo ad mortem impendentem. Quod illud est crimen senectutis, quum illud videatis cum adolescentia esse commune?

68. Sensi ego tum in optimo filio meo, tum in exspectatis ad amplissimam dignitatem fratribus tuis[1], Scipio, mortem omni ætati esse communem. — At sperat adolescens, diu se victurum : quod sperare idem senex non potest. — Insipienter sperat. Quid enim stultius, quam incerta pro certis habere, falsa pro veris? — Senex ne quod speret quidem habet. — At est eo meliore conditione, quam adolescens, quum id, quod ille sperat, hic [jam] consecutus est. Ille vult diu vivere, hic diu vixit.

69. Quanquam, o Dii boni! quid est in hominis vita diu? Da enim supremum tempus : exspectemus Tartessiorum [2] regis ætatem : fuit enim, ut scriptum video, Arganthonius quidam

se trouvent chez les vieillards : sans eux, il n'y aurait jamais eu de cités. Mais je reviens à l'imminence de la mort. Peut-on en faire un crime à la vieillesse, puisqu'elle menace également le jeune âge?

68. Hélas! je n'ai que trop éprouvé, mon cher Scipion, que la mort est commune à tous les âges, et par la perte de mon excellent fils et par celle de vos frères, qui semblaient destinés aux plus hautes dignités. — Mais, direz-vous, le jeune homme espère qu'il vivra longtemps : et cet espoir n'est pas permis au vieillard. — C'est espérer follement. Quoi de plus fou, en effet, que de prendre l'incertain pour le certain, le faux pour le vrai? — Le vieillard n'a pas même la ressource d'espérer. — Mais il est par là précisément dans une meilleure condition que le jeune homme : car ce que l'un espère, l'autre l'a déjà obtenu. Le jeune homme veut vivre longtemps, le vieillard a longtemps vécu.

69. Mais, ô bons Dieux, qu'est-ce que longtemps dans la vie de l'homme? Prenons la vie la plus longue, par exemple celle du roi des Tartessiens (car j'ai lu quelque part qu'il y eut à Gadès un cer-

qui si fuissent nulli,
omnino nullæ civitates
essent.
Sed redeo
ad mortem impendentem.
Quod est illud crimen
senectutis,
quum videatis illud
commune
cum adolescentia?
  68. Ego sensi
tum in meo optimo filio,
tum in tuis fratribus,
Scipio,
exspectatis ad dignitatem
amplissimam,
mortem esse communem
omni ætati.
— At adolescens
sperat se victurum diu :
quod senex
non potest sperare idem.
— Sperat insipienter.
Quid enim stultius
quam habere incerta
pro certis,
falsa pro veris?
— Senex ne habet quidem
quod speret.
— At est conditione
eo meliore,
quam adolescens,
quum hic
consecutus est jam id,
quod ille sperat.
Ille vult vivere diu,
hic vixit diu.
  69. Quanquam,
o Dii boni !
quid est diu
in vita hominis ?
Da enim
tempus supremum :
exspectemus ætatem
regis Tartessiorum :
quidam enim Arganthonius
fuit Gadibus,

lesquels s'ils avaient été nuls (n'avaient
absolument aucunes cités [pas existé),
n'existeraient.
Mais je reviens
à la mort qui menace.
Quelle est cette accusation
de (contre) la vieillesse,
puisque vous voyez cela
lui être commun
avec la jeunesse?
  68. Moi j'ai éprouvé
et dans mon excellent fils,
et dans vos frères,
Scipion,
attendus (destinés) à la dignité
la plus considérable,
la mort être commune
à tout âge.
— Mais le jeune homme
espère lui-même devoir vivre longtemps:
chose que le vieillard
ne peut espérer la même.
— Il espère follement.
Quoi en effet de plus sot
que de tenir l'incertain
pour certain,
le faux pour vrai ?
— Le vieillard n'a pas même
quoi il espère (quelque chose à espérer).
— Mais il est dans une condition
par cela meilleure,
que le jeune homme,
puisque celui-ci (le vieillard)
a atteint déjà ce but,
que celui-là (le jeune homme) espère.
Celui-là veut vivre longtemps,
celui-ci a vécu longtemps.
  69. Cependant,
ô Dieux bons !
qu'est-*ce que* longtemps
dans la vie de l'homme?
Donnez-*moi* en effet
le temps le plus long :
attendons-nous à l'âge
du roi des Tartessiens :
en effet un certain Arganthonius
fut (exista) à Gadès,

Gadibus, qui octoginta regnavit annos, centum et viginti vixit. Sed mihi ne diuturnum quidem quidquam videtur, in quo est aliquid extremum. Quum enim id advenit, tunc illud, quod præteriit, effluxit : tantum remanet, quod virtute et recte factis consecutus sis. Horæ quidem cedunt, et dies, et menses, et anni : nec præteritum tempus unquam revertitur, nec, quid sequatur, sciri potest. Quod cuique temporis ad vivendum datur, eo debet esse contentus.

70. Neque enim histrioni, ut placeat, peragenda est fabula; modo, in quocumque fuerit actu, probetur : nec sapienti usque ad *Plaudite* [1] veniendum est. Breve enim tempus ætatis satis est longum ad bene honesteque vivendum. Sin processeris longius, non magis dolendum est, quam agricolæ dolent, præterita verni temporis suavitate, æstatem autumnumque venisse. Ver enim tanquam adolescentiam significat, ostenditque fruc-

---

tain Arganthonius, qui régna quatre-vingts ans et en vécut cent-vingt); pour moi je ne puis reconnaître de longue durée, là où je vois une fin. Quand cette fin arrive, toute la durée écoulée a disparu pour jamais, et il ne nous reste que le fruit de nos vertus et de nos belles actions. Ainsi s'en vont les heures, les jours, les mois et les années; le temps passé ne revient jamais et ce qui doit suivre ne peut nous être connu. Quelque soit donc le temps qu'il nous est donné de vivre, montrons-nous satisfaits.

70. Pour être applaudi, un acteur n'a pas besoin de jouer toute la pièce; il suffit qu'il plaise, dans quelque acte qu'il paraisse; de même le sage n'a pas besoin de rester en scène jusqu'à la chute du rideau. La vie, en effet, si courte qu'elle soit, est toujours assez longue pour bien vivre. Si vous êtes avancé dans le voyage, il ne faut pas en être plus désolé que ne le sont les laboureurs, lorsque après la douce saison du printemps ils voient arriver l'été, puis l'automne. Le printemps représente en quelque sorte la jeunesse et

ut video scriptum,	comme je le vois écrit,
qui regnavit	lequel régna
octoginta annos	quatre-vingts ans
vixit centum et viginti.	et en vécut cent et vingt.
Sed quidquam	Mais une chose
ne videtur quidem mihi	ne paraît pas même à moi
diuturnum,	de-longue durée,
in quo est	dans laquelle il y a
aliquid extremum.	quelque chose de final.
Quum enim id advenit,	En effet lorsque ceci arrive,
tunc illud quod præteriit	alors ce qui est passé (écoulé)
effluxit :	a disparu :
remanet tantum	il reste seulement
quod consecutus sis	ce que vous avez acquis
virtute	par la vertu
et factis recte.	et les actions faites bien.
Horæ cedunt quidem,	Les heures s'en vont en vérité,
et dies, et menses, et anni :	et les jours, et les mois, et les années :
nec tempus præteritum	et le temps passé
revertitur unquam,	ne revient jamais,
nec potest sciri	et il ne peut être su (l'on ne peut savoir)
quid sequatur.	quoi suivra.
Debet esse contentus	Chacun doit être content
eo temporis,	de cela de temps,
quod datur cuique	qui est donné à chacun
ad vivendum.	pour vivre.
70. Neque enim fabula	70. Et en effet ni une pièce
peragenda est	ne doit être entièrement-jouée
histrioni,	par un acteur,
ut placeat ;	pour qu'il plaise ;
probetur modo,	qu'il soit approuvé seulement,
in quocumque actu fuerit :	dans quelqu'acte qu'il se soit trouvé :
nec sapienti veniendum est	ni pour le sage il ne faut pas aller
usque ad Plaudite.	jusqu'au Applaudissez.
Breve enim tempus ætatis	Car le court temps de la vie
est satis longum	est assez long
ad vivendum bene	pour vivre bien
honesteque.	et honorablement.
Sin processeris longius,	Mais-si vous avez avancé plus loin,
non dolendum est magis,	il ne faut pas s'en désoler plus
quam agricolæ dolent,	que les agriculteurs ne se désolent,
suavitate temporis verni	la douceur du temps printanier
præterita,	étant passée,
æstatem autumnumque	l'été et l'automne
venisse.	être arrivés.
Ver enim significat	Le printemps en effet représente
tanquam adolescentiam,	comme la jeunesse,

tus futuros : reliqua tempora demetendis fructibus et percipiendis accommodata sunt.

71. Fructus autem senectutis est, ut sæpe dixi, ante partorum bonorum memoria et copia. Omnia vero, quæ secundum
naturam fiunt, sunt habenda in bonis. Quid est autem tam
secundum naturam, quam senibus emori? Quod idem contingit
adolescentibus, adversante et repugnante natura. Itaque adolescentes mori sic mihi videntur, ut quum aquæ multitudine
vis flammæ opprimitur : senes autem, sicut sua sponte, nulla
adhibita vi, consumptus ignis exstinguitur. Et, quasi poma ex
arboribus, cruda si sint, vix avelluntur; si matura et cocta,
decidunt : sic vitam adolescentibus vis aufert, senibus maturitas : quæ mihi quidem tam jucunda est, ut, quo propius ad
mortem accedam, quasi terram videre videar, aliquandoque
in portum ex longa navigatione esse venturus.

annonce les fruits, que les autres saisons sont destinées à moissonner
et à recueillir.

71. La moisson de la vieillesse, comme je l'ai souvent répété,
c'est le souvenir et la jouissance des biens acquis auparavant; et
tout ce qui arrive selon la nature doit être mis au rang des biens.
Or, qu'y a-t-il de plus conforme à la nature que de mourir quand
on est vieux? Il en arrive autant aux jeunes gens; mais alors la
nature se révolte et ne cède qu'en résistant. Aussi je compare la
mort d'un jeune homme à une flamme ardente qu'on étouffe à force
d'eau; mais le vieillard meurt tout doucement, sans violence,
comme un feu qui s'éteint faute d'aliment. Les fruits, quand ils sont
verts, ne s'arrachent de l'arbre qu'avec effort; quand ils sont tout à
fait mûrs, ils se détachent d'eux-mêmes : ainsi la vie est arrachée
violemment aux jeunes gens; les vieillards tombent, pour ainsi
dire, de maturité. Cette maturité m'est si agréable, que plus j'approche de la mort, plus il me semble qu'après une longue navigation, je découvre enfin la terre, et que je vais entrer dans le port.

ostenditque	et montre
fructus futuros :	les fruits à-venir :
reliqua tempora	les autres saisons
accommodata sunt	sont disposées
fructibus demetendis	pour les fruits devant être cueillis
percipiendisque.	et devant être récoltés.

71. Fructus autem senectutis, est, ut dixi sæpe, memoria et copia bonorum partorum ante. Omnia vero quæ fiunt secundum naturam, habenda sunt in bonis. Quid est autem tam secundum naturam quam senibus emori ? Quod idem contingit adolescentibus, natura adversante et repugnante. Itaque adolescentes videntur mihi mori sic, ut quum vis flammæ opprimitur multitudine aquæ : senes autem, sicut ignis consumptus exstinguitur sua sponte, nulla vi adhibita. Et quasi poma avelluntur vix ex arbori-si sint cruda ; [bus, decidunt, si matura et cocta : sic vis aufert vitam adolescentibus, maturitas senibus : quæ quidem est mihi tam jucunda, ut videar videre quasi terram, quo propius accedam ad mortem, aliquandoque venturus esse in portum ex longa navigatione.

71. Or le fruit de la vieillesse, est, comme je l'ai dit souvent, le souvenir et la jouissance des biens acquis auparavant. Mais tout ce qui se fait selon la nature, doit être compté dans les biens. Or qu'y a-t-il *qui soit* autant selon la nature que pour les vieillards de mourir ? Laquelle même chose arrive aux jeunes gens, la nature étant-contraire et s'y opposant. Aussi les jeunes gens me paraissent mourir ainsi, comme quand la force de la flamme est étouffée par une grande-quantité d'eau : mais les vieillards *meurent*, comme un feu consumé s'éteint de son propre-mouvement, aucun effort n'étant employé. Et de même que les fruits sont arrachés avec peine des arbres, s'ils sont verts ; *et qu*'ils tombent, *s'ils sont* mûrs *et cuits par le soleil* : de même la violence enlève la vie aux jeunes gens, la maturité aux vieillards : laquelle *maturité* vraiment est pour moi si agréable, que je *me* parais (il me semble) voir comme la terre, à-mesure-que je m'approche plus près de la mort, et enfin devoir arriver au port après une longue navigation.

XX. 72. Omnium ætatum certus est terminus; senectutis autem nullus certus est terminus; recteque in ea vivitur, quoad munus officii exsequi et tueri possis, et tamen mortem contemnere. Ex quo fit, ut animosior etiam senectus sit, quam adolescentia, et fortior. Hoc illud est, quod Pisistrato tyranno a Solone responsum est, quum illi quærenti, *qua tandem spe fretus sibi tam audaciter obsisteret,* respondisse dicitur : *Senectute* [1]. Sed vivendi est finis optimus, quum, integrâ mente ceterisque sensibus, opus ipsa suum eadem, quæ coagmentavit, natura dissolvit. Ut navem, ut ædificium idem destruit facillime, qui construxit : sic hominem eadem optime, quæ conglutinavit, natura dissolvit. Jam omnis conglutinatio recens ægre, inveterata facile divellitur. Ita fit, ut illud breve vitæ reliquum nec avide appetendum senibus, nec sine causa deserendum sit.

XX. 72. Les autres âges ont un terme marqué ; seule, la vieillesse n'en a pas. On vit bien avec elle, tant qu'on peut remplir exactement tous ses devoirs, et cependant mépriser la mort. Ce mépris de la mort fait même que souvent la vieillesse est plus ferme et plus courageuse que la jeunesse. On en a la preuve dans cette réponse que Solon fit au tyran Pisistrate : celui-ci lui demandant sur quel espoir il se fondait pour lui opposer une si audacieuse résistance : « Sur ma vieillesse, » lui dit Solon. La meilleure fin qu'on puisse faire, c'est de mourir avec l'entier usage de sa raison et de tous ses sens, la nature dissolvant elle-même l'œuvre qu'elle a formée. Un navire, un édifice sont très-facilement démolis par celui qui les a construits : de même la nature, qui a cimenté elle-même le corps humain, le dissout très-aisément. Mais tout ciment nouveau ne se détache qu'avec peine, tandis que l'ancien tombe sans effort. Il suit de là que les vieillards ne doivent pas se montrer trop avides de ces quelques jours qui leur restent, ni y renoncer sans motif.

XX. 72. Terminus	XX. 72. Le terme
omnium ætatum	de tous les âges
est certus ;	est déterminé ;
est autem	mais il n'est
nullus terminus certus	aucun terme déterminé
senectutis ;	de la vieillesse ;
viviturque recte in ea	et il est vécu (vous vivez) bien en elle
quoad possis exsequi	tant que vous pouvez remplir
et tueri munus officii,	et exécuter les devoirs de *votre* charge,
et tamen .	et cependant
contemnere mortem,	mépriser la mort.
Ex quo fit	D'où il se fait
ut senectus	que la vieillesse
sit etiam animosior	est même plus courageuse
et fortior	et plus forte
quam adolescentia.	que la jeunesse.
Hoc est illud [lone	C'est cela *même*
quod responsum est a So-	qui fut répondu par Solon
tyranno Pisistrato,	au tyran Pisistrate,
quum dicitur	lorsqu'il (Solon) est dit
respondisse illi quærenti	avoir répondu à celui-là demandant
qua spe tandem fretus	sur quel espoir enfin s'étant fondé
obsisteret sibi tam audaci-	il lui résistait si audacieusement :
« Senectute. » [ter :	« Sur la vieillesse. »
Sed finis vivendi	Mais la fin de vivre (de la vie)
est optimus,	est la meilleure,
quum natura,	lorsque la nature,
eadem quæ coagmentavit,	la même qui *nous* a formés,
dissolvit ipsa suum opus,	dissout elle-même son ouvrage,
mente integra .	l'intelligence *restant* entière
ceterisque sensibus.	ainsi que toutes-les-autres facultés.
Ut idem	Comme le même *homme*
qui construxit navem,	qui a construit un vaisseau,
ut ædificium,	comme *le même qui a construit* un édifice,
destruit facillime,	détruit très-facilement *son ouvrage*,
sic eadem natura,	ainsi la même nature,
quæ conglutinavit homi-	qui a cimenté l'homme,
dissolvit optime. [nem,	*le* dissout très-bien.
Jam	Puis
omnis conglutinatio re-	tout ciment récent
divellitur ægre, [cens	se sépare difficilement,
inveterata facile.	devenu-vieux *se sépare* facilement.
Ita fit	Ainsi il se fait (il résulte)
utillud breve reliquum vitæ	que ce court reste de vie
nec appetendum sit avide	et ne doit pas être désiré avidement
senibus,	par les vieillards, [tif.
nec deserendum sine causa.	et ne doit pas être abandonné sans mo-

73. Vetatque Pythagoras *injussu imperatoris, id est, Dei, de præsidio et statione vitæ decedere.* Solonis quidem sapientis elogium [1] est, quo *se negat velle suam mortem dolore amicorum et lamentis vacare.* Vult, credo, se esse carum suis. Sed haud scio, an melius Ennius :

> Nemo me lacrimis decoret, nec funera fletu
> Faxit.

74. Non censet lugendam esse mortem, quam immortalitas consequatur. Jam sensus moriendi aliquis esse potest; isque ad exiguum tempus, præsertim seni : post mortem quidem sensus aut optandus, aut nullus est. Sed hoc meditatum ab adolescentia debet esse, mortem ut negligamus : sine qua meditatione tranquillo esse animo nemo potest. Moriendum enim certe est: et id incertum, an eo ipso die. Mortem igitur omnibus horis impendentem timens qui poterit animo consistere?

75. De qua non ita longa disputatione opus esse videtur,

73. Pythagore défend en effet d'abandonner le poste de la vie sans l'ordre du général, c'est-à-dire de Dieu. Nous avons une épitaphe de Solon, où le sage déclare « qu'il ne veut pas que sa mort soit privée des larmes et des gémissements de ses amis. » Sans doute Solon voulait vivre dans le cœur des siens; mais j'aime mieux la pensée qui dicta ce vers à Ennius : « Que personne n'honore mes funérailles de ses larmes ni de son deuil. »

74. C'est qu'il n'est pas d'avis qu'on doive pleurer une mort que va suivre l'immortalité. Je veux bien admettre qu'on se sente mourir; mais ce sentiment de la mort est très-court, surtout chez le vieillard : après la mort, le sentiment est désirable ou il est nul. Ce dont il faut bien se pénétrer dans la jeunesse, c'est qu'on doit mépriser la mort : sans cela, il est impossible d'avoir l'esprit en repos. Nous devons mourir, voilà qui est sûr; mais ce qui ne l'est pas, c'est si ce ne sera pas aujourd'hui même. Est-ce donc vivre tranquille que de craindre ce qui nous menace à tout instant?

75. Du reste, qu'est-il besoin de disserter longtemps à ce sujet?

73. Pythagoras vetat
decedere de præsidio
et statione vitæ
injussu imperatoris,
id est, Dei.
Elogium Solonis sapientis
est quidem ,
quo negat se velle
suam mortem vacare
dolore et lamentis
amicorum.
Vult se esse carum suis ,
credo.
Sed haud scio an Ennius
melius :
« Nemo
me decoret lacrimis,
nec faxit funera
fletu. »

74. Non censet mortem,
quam immortalitas conse-
lugendam esse.   [quatur,
Jam aliquis sensus
moriendi
potest esse,
isque ad tempus exiguum,
præsertim seni :
sensus post mortem
aut est optandus quidem,
aut nullus.
Sed hoc
debet meditatum esse
ab adolescentia,
ut negligamus mortem :
sine qua meditatione
nemo potest esse
animo tranquillo.
Moriendum est enim certe :
et id incertum
an eo die ipso.
Qui igitur timens mortem
impendentem
omnibus horis
poterit consistere animo ?

75. De qua
videtur opus non esse
disputatione ita longa,

73. Pythagore défend
de se retirer de la garnison
et du poste de la vie
sans-l'ordre du général,
c'est-à-dire, de Dieu.
Une épitaphe de Solon le sage
existe vraiment ,
par laquelle il nie lui-même vouloir
sa mort être privée
de la douleur et des gémissements
de ses amis.
Il veut lui-même être cher aux siens,
je crois.
Mais je ne sais si Ennius
n'a pas mieux dit :
« Que personne
ne m'honore par des larmes,
et ne me fasse des funérailles
avec des pleurs. »

74. Il ne pense pas la mort,
que l'immortalité doit suivre,
devoir être déplorée.
Puis quelque sentiment
de mourir (de la mort)
peut exister,
et celui-ci pour un temps court,
surtout chez le vieillard :
le sentiment après la mort
ou est désirable vraiment,
ou est nul.
Mais ceci
doit être médité
par la jeunesse,
que nous négligions la mort :
sans laquelle méditation
personne ne peut être
d'un esprit tranquille.
Car il faut mourir certainement :
et ceci est incertain
si ce ne sera pas ce jour même.
Comment donc celui qui craint la mort
menaçante
à toutes les heures
pourra-t-il être-ferme d'esprit?

75. Sur laquelle mort
il semble besoin ne pas être
d'une discussion si longue,

quum recorder, non L. Brutum [1], qui in liberanda patria est
interfectus, non duo Decios, qui ad voluntariam mortem
cursum equorum incitaverunt, non M. Atilium [2] qui ad suppli-
cium est profectus, ut fidem hosti datam conservaret, non duo
Scipiones [3], qui iter Pœnis vel corporibus suis obstruere voluerunt, non avum tuum L. Paullum, qui morte luit collegæ in
Cannensi ignominiâ temeritatem, non M. Marcellum [4], cujus
interitum ne crudelissimus quidem hostis [5] honore sepulturæ
carere passus est : sed legiones nostras, quod scripsi in *Origi-*
nibus, in eum sæpe locum profectas alacri animo et erecto,
unde se nunquam redituras arbitrarentur. Quod igitur adolescentes, et ii quidem non solum indocti, sed etiam rustici con-
temnunt, id docti senes extimescent?

76. Omnino, ut mihi quidem videtur, studiorum omnium sa-

Rappelez-vous non-seulement L. Brutus, qui mourut pour la liberté
de sa patrie ; les deux Décius, qui se précipitèrent à une mort volon-
taire de toute la vitesse de leurs chevaux ; Régulus, allant chercher
le supplice pour garder la foi jurée à un ennemi ; les deux Scipions,
qui voulurent fermer, même avec leurs corps, le chemin de Rome
aux Carthaginois ; votre aïeul Paul Émile, qui, dans l'ignominieuse
journée de Cannes, expia par sa mort la témérité de son collègue ;
M. Marcellus, que son plus cruel ennemi ne put voir privé des
honneurs de la sépulture ; mais aussi nos légions, qui souvent,
comme je l'ai rapporté dans mes *Origines,* sont parties, le cœur
ferme et le front joyeux, pour un poste d'où elles pensaient bien
qu'elles ne reviendraient jamais. Ce que des jeunes gens ignorants,
et même grossiers, ont su mépriser, des vieillards éclairés le re-
douteraient-ils ?

76. C'est la satiété de tous les goûts, qui produit, ce me semble,

quum recorder,	lorsque je me rappelle,
non L. Brutum,	non L. Brutus,
qui interfectus est	qui fut tué
in liberanda patria,	en délivrant *sa* patrie,
non duo Decios,	non les deux Décius,
qui incitaverunt	qui poussèrent
cursum equorum	la course de *leurs* chevaux
ad mortem voluntariam,	vers une mort volontaire,
non M. Atilium,	non M. Atilius *Régulus*,
qui profectus est	qui partit
ad supplicium,	pour le supplice,
ut conservaret fidem	afin qu'il conservât la foi
datam hosti,	donnée à l'ennemi,
non duo Scipiones,	non les deux Scipions,
qui voluerunt obstruere iter	qui voulurent fermer le passage
Pœnis	aux Carthaginois
vel suis corporibus,	même avec leurs corps,
non L. Paullum,	non L. Paullus,
tuum avum,	votre aïeul,
qui luit morte	qui expia par *sa* mort
temeritatem collegæ	l'imprudence de *son* collègue
in ignominia Cannensi,	dans la honte de-Cannes,
non M. Marcellum,	non M. Marcellus,
cujus [simus	duquel
ne hostis quidem crudelis-	pas même l'ennemi le plus cruel
passus est	ne souffrit
interitum carere	la mort être privée
honore sepulturæ :	des honneurs de la sépulture :
sed nostras legiones,	mais nos légions,
quod scripsi in Originibus,	ce que j'ai écrit dans *mes* Origines,
profectas sæpe	qui sont parties souvent
animo alacri et erecto	d'un cœur joyeux et ferme
in eum locum,	pour ce lieu,
unde arbitrarentur	d'où elles pensaient
se redituras nunquam.	elles ne devoir revenir jamais.
Igitur senes docti	*Ainsi* donc des vieillards instruits
extimescent id,	craindront cela,
quod adolescentes,	que des jeunes-gens,
et ii quidem	et ceux-là vraiment
non solum indocti,	non-seulement ignorants,
sed etiam rustici,	mais aussi grossiers,
contemnunt ?	méprisent ?
76. Ut videtur quidem mihi,	76. Comme il paraît vraiment à moi,
satietas omnium studiorum	la satiété de tous-les goûts (désirs)
facit omnino	fait (amène) tout à fait
satietatem vitæ.	la satiété de la vie.

tietas vitæ facit satietatem. Sunt pueritiæ certa studia : num
igitur ea desiderant adolescentes? Sunt ineuntis adolescentiæ :
num ea constans jam requirit ætas, quæ media dicitur? Sunt
etiam hujus ætatis : ne ea quidem quæruntur a senectute. Sunt
extrema quædam studia senectutis : ergo, ut superiorum ætatum studia occidunt, sic occidunt etiam senectutis. Quod quum
evenit, satietas vitæ tempus maturum mortis affert.

· XXI. 77. Equidem non video, cur, quid ipse sentiam de
morte, non audeam vobis dicere : quod eo melius mihi cernere
videor, quo ab ea propius absum. Ego vestros patres, P. Scipio,
tuque, C. Læli, viros clarissimos mihique amicissimos, vivere
arbitror, et eam quidem vitam, quæ est sola vita nominanda.
Nam, dum sumus in his inclusi compagibus corporis, munere
quodam necessitatis et gravi opere perfungimur. Est enim
animus cœlestis ex altissimo domicilio depressus et quasi de-

la satiété de la vie. L'enfance a ses goûts particuliers : la jeunesse ne
les regrette point. L'adolescence a les siens : l'âge viril, qu'on appelle
l'âge mûr, les lui envie-t-il? Ceux de l'âge viril, à leur tour, ne sont
point partagés par la vieillesse. Ce dernier âge a aussi les siens pro-
pres, qui finissent par disparaître comme ont disparu ceux des autres
âges. Lorsque ce moment arrive, la satiété de la vie amène la maturité de la mort.

XXI. 77. Je ne vois pas pourquoi je n'oserais pas vous dire ce que
je pense de la mort, puisqu'il me semble la voir d'autant mieux que
j'en suis plus près que vous. Je crois, P. Scipion, et vous, C. Lélius,
que vos pères, ces hommes illustres qui m'étaient si chers, vivent
toujours, et vivent de cette vie qui seule mérite ce nom. Tant que nous
sommes enfermés dans les entraves du corps, nous ne faisons que
remplir un devoir pénible, qui nous est imposé par la nécessité.
Notre âme, en effet, d'origine céleste, a été précipitée des hauteurs
du ciel et comme plongée dans la fange terrestre, séjour tout à fai

Studia certa pueritiæ sunt :	Des goûts déterminés (particuliers) de existent : [l'enfance
num igitur adolescentes desiderant ea ?	est-ce donc que les jeunes gens désirent ces choses ? [tent :
adolescentiæ ineuntis sunt :	des goûts de la jeunesse commençant exis-
num ætas constans,	est-ce que l'âge ferme (viril),
quæ dicitur media,	qui est dit l'âge moyen,
requirit jam ea ?	recherche encore ceux-là ?
Hujus ætatis sunt etiam :	Des goûts de cet âge viril existent aussi :
ea ne quæruntur quidem a senectute.	ceux-ci ne sont pas même recherchés par la vieillesse.
Quædam studia extrema senectutis	Certains goûts extrêmes de la vieillesse
sunt :	existent :
ergo, ut studia	or, de même que les goûts
ætatum superiorum	des âges antérieurs
occidunt,	tombent (disparaissent),
sic etiam senectutis occidunt.	de même aussi les goûts de la vieillesse tombent (disparaissent).
Quum quod evenit,	Lorsque ceci arrive,
satietas vitæ	la satiété (le dégoût) de la vie
affert tempus maturum mortis.	amène le temps mûr (favorable) de (pour) la mort.
XXI. 77. Non video equi-cur non audeam [dem	XXI. 77. Je ne vois pas vraiment pourquoi je n'oserais pas
dicere vobis	vous dire
quid ipse sentiam de morte :	ce que moi-même je pense de la mort :
quod mihi videor	ce que je me parais (il me semble)
cernere eo melius,	voir d'autant mieux,
quo absum ab ea propius.	que je suis-distant d'elle de plus près.
Ego arbitror vestros patres,	Moi je crois vos pères,
P. Scipio, tuque, C. Læli,	P. Scipion, et vous, C. Lélius,
viros clarissimos	hommes très-illustres
amicissimosque mihi,	et amis-très-chers à moi,
vivere,	vivre,
et eam vitam quidem,	et vivre de cette vie vraiment,
quæ sola	qui seule
nominanda est vita.	doit être nommée vie.
Nam dum sumus inclusi	Car tant que nous sommes enfermés
in his compagibus corporis,	dans cet assemblage du corps,
perfungimur opere gravi	nous nous acquittons d'un devoir pénible
et quodam munere	et d'une sorte de tâche
necessitatis.	de (imposée par) la nécessité.
Animus enim cœlestis	En effet notre âme céleste
depressus est	a été précipitée
ex domicilio altissimo,	du séjour très-haut,
et quasi demersus in terram,	et comme plongée dans la terre,

mersus in terram, locum divinæ naturæ æternitatique contra-
rium. Sed credo Deos immortales sparsisse animos in corpora
humana, ut essent, qui terras tuerentur [1], quique, cœlestium
ordinem contemplantes, imitarentur eum vitæ modo atque
constantia. Nec me solum ratio ac disputatio impulit, ut ita
crederem, sed nobilitas etiam summorum philosophorum, et
auctoritas.

78. Audiebam, Pythagoram Pythagoreosque, incolas pæne
nostros, qui essent Italici philosophi quondam nominati, nunquam dubitasse, quin ex universa mente divina delibatos animos haberemus. Demonstrabantur mihi præterea, quæ Socrates
supremo vitæ die de immortalitate animorum disseruisset, is,
qui esset omnium sapientissimus oraculo Apollinis judicatus.
Quid multa? Sic mihi persuasi, sic sentio : quum tanta cele-
ritas animorum sit, tanta memoria præteritorum, futurorumque
prudentia, tot artes tantæ scientiæ, tot inventa : non posse

contraire à sa nature éternelle et divine. Mais je crois que les Dieux
immortels ont dispersé les âmes dans les corps humains pour donner
à la terre des protecteurs, des maîtres intelligents qui, frappés de
l'ordre merveilleux des choses célestes, cherchassent à l'imiter par la
constante régularité de leur vie. Cette croyance n'est pas seulement
le résultat de mes méditations et de mes entretiens sur ce sujet; elle
s'appuie aussi sur l'autorité et sur le nom des plus grands philosophes.

78. J'avais appris que Pythagore et les Pythagoriciens, ces philosophes Italiques, comme on les appelait autrefois et qui sont presque
nos compatriotes, n'avaient jamais douté que nos âmes ne fussent
des émanations de l'intelligence divine, universelle. Je me rappelais
en outre ces grandes vérités que développa sur l'immortalité de l'âme,
la veille de sa mort, Socrate, ce philosophe que l'oracle d'Apollon
avait proclamé le plus sage des hommes. Que vous dirai-je de plus?
Quand je considère l'activité de notre âme, sa mémoire des choses
passées, sa prévoyance de l'avenir, tant d'arts qui reposent sur de si

locum contrarium	lieu contraire
naturæ divinæ	à *sa* nature divine
æternitatique.	et à l'éternité.
Sed credo Deos immortales	Mais je crois les Dieux immortels
sparsisse animos	avoir dispersé les âmes
in corpora humana,	dans les corps humains,
ut essent	afin que *des êtres* fussent [terre,
qui tuerentur terras,	qui protégeassent (pour protéger) la
quique contemplantes	et qui contemplant
ordinem cœlestium,	l'ordre *régulier* des choses célestes,
imitarentur eum	l'imitassent
modo atque constantia vi-.	par la mesure et la régularité de la vie.
Nec solum ratio [tæ.	Et non-seulement la raison
ac disputatio	et la méditation
impulit me	m'a poussé
ut crederem ita,	à ce que je crusse ainsi,
sed etiam nobilitas	mais aussi la noblesse
et auctoritas	et l'autorité
philosophorum summo-	des philosophes éminents.
78. Audiebam [rum.	78. J'entendais *dire*
Pythagoram	Pythagore
Pythagoreosque,	et les Pythagoriciens,
pæne nostros incolas,	presque nos compatriotes,
qui quondam	lesquels autrefois
nominati essent	avaient été appelés
philosophi Italici,	philosophes Italiques,
dubitasse nunquam	*n'*avoir douté jamais
quin haberemus animos	que nous n'eussions des âmes
delibatos	émanées
ex mente divina, universa.	de l'intelligence divine, universelle.
Præterea	En outre
demonstrabantur mihi.	*ces opinions* étaient démontrées à moi,
quæ Socrates,	lesquelles Socrate,
is qui judicatus esset	celui qui avait été jugé
oraculo Apollinis	par l'oracle d'Apollon
sapientissimus omnium,	le plus sage de tous,
disseruisset	avait développées
supremo die vitæ	le dernier jour de *sa* vie
de immortalitate animo-	sur l'immortalité des âmes.
Quid multa? [rum.	Pourquoi *en dire* beaucoup ?
Sic persuasi mihi,	Ainsi je me suis persuadé,
sic sentio :	ainsi je pense :
quum celeritas animorum	puisque l'activité des âmes
sit tanta,	est si-grande,
memoria præteritorum,	le souvenir des choses passées,
prudentiaque futurorum	et la prévoyance des choses futures
tanta,	si-grande,

eam naturam, quæ res eas contineat, esse mortalem : quumque
semper agitetur animus, nec principium motus habeat, quia se
ipse moveat, ne finem quidem habiturum esse motus, quia
nunquam se ipse sit relicturus ; et, quum simplex animi natura
esset, neque haberet in se quidquam admixtum dispar sui
atque dissimile, non posse eum dividi ; quod si non possit, non
posse interire ; magnoque esse argumento, homines scire
pleraque antequam nati sint, quod jam pueri, quum artes
difficiles discant, ita celeriter res innumerabiles arripiant, ut
eas non tum primum accipere videantur, sed reminisci et
recordari. Hæc Platonis fere.

XXII. 79. Apud Xenophontem[1] autem moriens Cyrus major
hæc dicit : « Nolite arbitrari, o mihi carissimi filii, me, quum
a vobis discessero, nusquam aut nullum fore. Nec enim, dum

vastes connaissances, tant d'inventions, je suis persuadé et je crois
fermement que la nature qui renferme tant de merveilles ne peut être
mortelle ; j'ajouterai que, comme l'âme est dans un mouvement con-
tinuel, ce mouvement qui n'a pas eu de commencement, puisque l'âme
se meut d'elle-même, n'aura pas non plus de fin, puisque l'âme ne
peut s'abandonner elle-même ; qu'ensuite comme l'âme est simple de
sa nature, et sans aucun mélange de substances étrangères, ou dissem-
blables, elle est par conséquent indivisible, et, cela étant, impérissable ;
qu'une grande preuve que nous savons bien des choses avant notre
naissance, c'est que les enfants, lorsqu'ils s'appliquent à des études
difficiles, saisissent une infinité de choses avec une telle promptitude
qu'ils semblent non les apprendre pour la première fois, mais s'en
souvenir et les reconnaître. Telle est à peu près la doctrine de Platon.

XXII. 79. Dans Xénophon, Cyrus l'ancien, sur le point de
mourir, tient ce discours : « N'allez pas croire, mes chers enfants,
qu'après vous avoir quittés, je ne serai nulle part, ou que je ne serai
plus. Tant que j'étais avec vous, vous ne voyiez pas non plus mon

tot artes	*puisqu'il y a* tant d'arts
scientiæ tantæ,	d'une science si-grande,
tot inventa :	tant d'inventions :
eam naturam,	*je crois* cette nature,
quæ contineat eas res,	qui contient ces choses,
non posse esse mortalem ;	ne pouvoir être mortelle ;
quumque animus	et puisque *notre* âme
agitetur semper,	est-en-mouvement toujours,
nec habeat	et n'a pas *en elle*
principium motus	le principe du mouvement .
quia se moveat ipse,	pourquoi elle se meut elle-même,
ne habiturum quidem esse	*je crois elle* ne devoir pas avoir non plus
finem motus,	la fin de *ce* mouvement,
quia nunquam	parce que jamais
se relictura sit ipsa;	elle *ne* s'abandonnera elle-même ;
et, quum natura animi	et, comme la nature de l'âme
esset simplex,	était simple,
neque haberet quidquam	et n'avait rien
admixtum in se	de mêlé en elle
dispar atque dissimile sui,	*qui fût* dissemblable et différent d'elle,
eum non posse dividi :	elle ne pouvoir être divisée :
quod si non possit,	laquelle *division* si elle ne peut pas *être*,
non posse interire ;	*l'âme* ne pouvoir pas mourir ;
esseque magno argumento	et *ceci* être à grande preuve
homines	les hommes
scire pleraque	savoir la plupart des choses
antequam nati sint,	avant qu'ils soient nés,
quod jam pueri,	que déjà *étant* enfants,
quum discant	lorsqu'ils apprennent
artes difficiles,	des arts difficiles,
arripiant res innumerabiles	ils saisissent des choses innombrables
ita celeriter,	si promptement,
ut videantur	qu'ils paraissent
non accipere eas tum	non les percevoir alors
primum,	pour-la-première-fois,
sed reminisci	mais se souvenir
et recordari.	et se rappeler.
Hæc fere Platonis.	Ces *pensées sont* presque *celles* de Platon.
XXII. 79. Cyrus autem	XXII. 79. Mais Cyrus l'ancien
apud Xenophontem [major	dans Xénophon
dicit hæc moriens :	dit ces *paroles* en mourant :
« Nolite arbitrari,	« Ne veuillez pas croire,
o filii carissimi mihi,	ô fils très-chers pour moi,
me fore nusquam	moi *ne* devoir être nulle part
aut nullum,	ou n'étant-pas,
quum discessero a vobis.	lorsque je me serai séparé de vous.
Nec enim videbatis	Car et vous ne voyiez pas

eram vobiscum, animum meum videbatis, sed eum esse in hoc corpore, ex iis rebus, quas gerebam, intelligebatis. Eum-dem igitur esse creditote, etiam si nullum videbitis.

80. « Nec vero clarorum virorum post mortem honores per-manerent, si nihil eorum ipsorum animi efficerent, quo diutius memoriam sui teneremus. Mihi quidem nunquam persuaderi potuit, animos, dum in corporibus essent mortalibus, vivere; quum exissent ex eis, emori; nec vero, tum animum esse insi-pientem, quum ex insipienti corpore evasisset; sed, quum omni admixtione corporis liberatus, purus et integer esse cœ-pisset, tum esse sapientem. Atque etiam, quum hominis natura morte dissolvitur, ceterarum rerum perspicuum est, quo quæ-que discedant : abeunt enim illuc omnia, unde orta sunt; animus autem solus, nec quum adest, nec quum discedit, ap-paret.

81. « Jam vero videtis, nihil esse morti tam simile, quam somnum [1]. Atqui dormientium animi maxime declarant divi-

âme, mais, en me voyant agir, vous compreniez qu'elle était pré-sente dans ce corps. Croyez donc toujours que cette même âme existe, lors même que vous ne la verrez pas.

80. « Les honneurs qu'on rend aux grands hommes après leur mort ne dureraient certainement pas longtemps, si cette conviction où nous sommes que leurs âmes existent, ne nous en faisait conserver le souvenir. Pour moi, je n'ai jamais pu me persuader que l'âme vive, tant qu'elle est dans le corps de l'homme, et qu'elle meure, lorsqu'elle en est sortie; ni qu'elle perde toute intelligence en s'échap-pant d'un corps inintelligent; je crois plutôt qu'une fois délivrée de tout mélange du corps, et désormais libre et pure, elle retrouve alors l'intelligence parfaite. Bien plus, lorsque la mort amène la dissolu-tion du corps, on voit ce que deviennent les parties matérielles; elles retournent toutes là d'où elles sont venues : l'âme seule, et quand elle est présente et quand elle se retire, reste invisible.

81. « Vous savez que rien ne ressemble plus à la mort que le som-meil : aussi est-ce dans le sommeil que les âmes manifestent le plus

meum animum,
dum eram vobiscum,
sed intelligebatis eum
esse in hoc corpore
ex iis rebus quas gerebam.
Creditote igitur
eumdem esse,
etiamsi videbitis nullum.

80. « Nec vero honores
virorum clarorum
permanerent post mortem,
si animi eorum ipsorum
efficerent nihil
quo teneremus
memoriam sui diutius.
Nunquam quidem
potuit persuaderi mihi
animos vivere,
dum essent
in corporibus mortalibus ;
emori,
quum exissent ex eis ;
nec vero animum
esse insipientem,
quum evasisset
ex corpore insipienti ;
sed quum liberatus
omni admixtione corporis
cœpisset esse purus
et integer,
tum esse sapientem.
Atque etiam
quum natura hominis
dissolvitur morte,
est perspicuum
quo quæque
ceterarum rerum
discedant ;
omnia enim abeunt illuc
unde orta sunt :
animus autem solus,
nec quum adest,
nec quum discedit,
apparet.

81. « Jam vero videtis
nihil esse tam simile morti
quam somnum.

mon âme,
tandis que j'étais avec vous,
mais vous compreniez elle
être dans ce corps
par ces choses que je faisais.
Croyez donc
cette-même *âme* exister,   [rez pas).
bien que vous *la* verrez nulle (ne la ver-

80. « Certes et les honneurs
des hommes illustres
ne dureraient pas après la mort,
si les âmes de ceux-ci eux-mêmes
ne faisaient rien *dans nos esprits*
par quoi nous conservassions
le souvenir d'eux plus longtemps.
Jamais vraiment
il n'a pu être persuadé à moi
les âmes vivre,
tant qu'elles étaient
dans des corps mortels ;
et mourir
lorsqu'elles étaient sorties d'eux ;
ni certes l'âme
être sans-intelligence,
lorsqu'elle était sortie
d'un corps inintelligent ;
mais lorsque étant délivrée
de tout mélange du corps
elle avait commencé à être pure
et entière,
alors *elle* être sage.
Et même,
lorsque la nature de l'homme
se dissout par la mort,
il est manifeste
où chacune
de toutes-les-autres choses
s'en vont ;
toutes en effet s'en vont là
d'où elles sont sorties :
mais l'âme seule,
ni quand elle est-présente,
ni quand elle s'en va,
n'apparaît (n'est visible).

81. « Maintenant certes vous voyez
rien *n'*être si semblable à la mort
que le sommeil.

nitatem suam ; multa enim, quum remissi et liberi sunt, futura
prospiciunt. Ex quo intelligitur, quales futuri sint, quum se
plane corporis vinculis relaxaverint. Quare, si hæc ita sunt,
sic me colitote, ut Deum [1]. Sin una est interiturus animus cum
corpore, vos tamen, Deos verentes, qui hanc omnem pulchri-
tudinem tuentur et regunt, memoriam nostri pie inviolateque
servabitis. » Cyrus quidem hæc moriens. Nos, si placet, nostra
videamus.

XXIII. 82. Nemo unquam mihi, Scipio, persuadebit, aut
patrem tuum Paullum, aut duos avos, Paullum et Africanum,
aut Africani patrem, aut patruum; aut multos præstantes viros,
quos enumerare non est necesse, tanta esse conatos, quæ ad
posteritatis memoriam pertinerent, nisi animo cernerent, posteritatem ad se pertinere. An censes (ut de me ipso aliquid
more senum glorier), me tantos labores diurnos nocturnosque

leur nature divine. Plus libres alors et plus indépendantes elles pé-
nètrent l'avenir. Nous pouvons par là comprendre ce qu'elles de-
viendront, lorsqu'elles seront tout à fait dégagées des liens du corps.
S'il en est ainsi, mes enfants, honorez-moi comme un être divin.
Si l'âme au contraire doit périr avec le corps, vous qui révérez
les Dieux, maîtres et conservateurs de toutes ces merveilles, gardez
de moi un inviolable et pieux souvenir. » Ainsi parla Cyrus mourant; pour nous, revenons, s'il vous plaît, à ce qui nous regarde.

XXIII. 82. Jamais personne ne me persuadera, mon cher Scipion,
que Paul Émile, votre père, que vos deux aïeux, Paul et l'Africain,
que le père de l'Africain, que son oncle, et tant d'autres hommes su-
périeurs dont je n'ai pas besoin de rappeler ici les noms, eussent tant
fait pour mériter le souvenir de la postérité, si leur âme n'eût prévu
que ce souvenir devait avoir pour elle quelque intérêt. Et, pour me
flatter un peu moi-même à la manière des vieillards, pensez-vous
que j'aurais supporté tant de fatigues, et le jour et la nuit, pendant

Atqui animi dormientium
declarant suam divinitatem
maxime :
prospiciunt enim
multa futura,
quum sunt remissi
et liberi.
Ex quo intelligitur
quales futuri sint,
quum se relaxaverint plane
vinculis corporis.
Quare, si hæc sunt ita,
colitote me sicut Deum.
Sin animus interiturus est
una cum corpore,
vos tamen, verentes Deos,
qui tuentur et regunt [nem,
omnem hanc pulchritudi-
servabitis memoriam nostri
pie inviolateque. »
Cyrus moriens
hæc quidem.
Nos videamus nostra,
si placet.

Or les âmes de ceux qui dorment
manifestent leur divinité
le plus *alors* :
elles prévoient en effet
beaucoup de choses futures,
lorsqu'elles sont affranchies
et libres.
D'où il est compris
quelles elles devront être,		[ment
lorsqu'elles se seront détachées entière-
des liens du corps.
C'est-pourquoi, si ces choses sont ainsi,
honorez-moi comme un Dieu.
Mais-si l'âme doit périr
de-compagnie avec le corps,
vous cependant, respectant les Dieux,
qui protégent et gouvernent
toute cette beauté *de l'univers,*
vous conserverez le souvenir de nous
pieusement et inviolablement. »
Cyrus mourant
dit ces choses vraiment.
Nous voyons nos *affaires,*
s'il *vous* plaît.

XXIII. 82. Nemo
persuadebit mihi unquam
Scipio,
aut tuum patrem Paullum,
aut duos avos,
Paullum et Africanum,
aut patrem Africani,
aut patruum,
aut multos viros
præstantes,
quos non est necesse
enumerare,
conatos esse tanta
quæ pertinerent
ad memoriam posteritatis,
nisi cernerent animo
posteritatem pertinere ad se.
An censes
(ut glorier aliquid
de me ipso
more senum)
me suscepturum fuisse
labores tantos

XXIII. 82. Personne
ne me persuadera jamais,
ὁ Scipion,
ou votre père Paul-*Emile*,
ou *vos* deux aïeuls,
Paul et l'Africain,
ou le père de l'Africain,
ou *son* oncle,
ou beaucoup d'hommes
distingués,
qu'il n'est pas nécessaire
d'énumérer,
avoir tenté de si grandes choses
qui (pour qu'elles) appartinssent
au souvenir de la postérité,
à moins qu'ils ne vissent dans *leur* âme
la postérité appartenir à eux.
Est-ce que vous pensez		[chose
(pour que je me fasse-gloire de quelque
au sujet de moi-même
à la manière des vieillards)
moi avoir dû entreprendre
des travaux si-grands

domi militiæque suscepturum fuisse, si iisdem finibus gloriam
meam, quibus vitam essem terminaturus? Nonne melius multo
fuisset, otiosam ætatem et quietam sine ullo labore et conten-
tione traducere? Sed, nescio quomodo, animus, erigens se,
posteritatem semper ita prospiciebat, quasi, quum excessisset e
vita, tum denique victurus esset. Quod quidem ni ita se haberet, ut animi immortales essent, haud optimi cujusque animus
maxime ad immortalitatem gloriæ niteretur.

83. Quid? quod sapientissimus quisque æquissimo animo
moritur, stultissimus iniquissimo? Nonne vobis videtur animus
is, qui plus cernat et longius, videre, se ad meliora proficisci :
ille autem, cujus obtusior sit acies, non videre? Equidem efferor
studio, patres vestros, quos colui et dilexi, videndi : neque vero
eos solum convenire aveo, quos ipse cognovi, sed illos etiam,
de quibus audivi, et legi, et ipse conscripsi. Quo quidem me proficiscentem haud sane quis facile retraxerit; neque tanquam

---

la paix et à la guerre, si j'avais cru que ma gloire dût être enfer-
mée dans les mêmes bornes que ma vie? N'eût-il pas mieux valu,
loin des fatigues et des rivalités, mener une vie calme et tranquille?
Mais, je ne sais pourquoi, mon âme s'élevant toujours, portait au
loin ses regards dans la postérité, comme si elle ne devait vraiment
vivre que quand elle serait sortie de la vie. Non certes, s'il n'était
pas vrai que les âmes fussent immortelles, on ne verrait pas les
hommes les plus vertueux aspirer si vivement à l'immortalité de la
gloire.

83. Pourquoi la mort du sage est-elle si calme, et celle de l'insensé si agitée? Ne vous semble-t-il pas que l'âme du premier,
voyant mieux et plus loin, s'aperçoit déjà qu'elle part pour une
meilleure vie, et que celle du second, dont la vue est plus trouble,
ne s'en aperçoit pas? Pour moi, je suis transporté du désir de revoir
vos pères que j'ai tant honorés et chéris; mais ce n'est pas seulement à ceux que j'ai connus que je souhaite ardemment de me ré-
unir, c'est aussi à ceux dont j'ai entendu parler, dont j'ai lu ou écrit
moi-même la vie. Quand je partirai pour aller les rejoindre, il ne

diurnos nocturnosque	de-jour et de-nuit [re,
domi militiæque	à la maison (pendant la paix) et à la guer
si terminaturus essem	si j'avais dû terminer
meam gloriam	ma gloire
iisdem finibus	dans les mêmes.limites
quibus vitam?	dans lesquelles *je terminerais ma* vie?
Nonne fuisset multo melius	N'eût-il pas été beaucoup meilleur
traducere ætatem otiosam	de passer une vie oisive
et quietam	et tranquille
sine ullo labore	sans aucune fatigue
et contentione?	et *aucun* effort?
Sed, nescio quomodo	Mais, je ne sais comment,
animus se erigens	*mon* âme s'élevant
prospiciebat posteritatem	regardait-en-avant la postérité
semper ita, quasi,	toujours ainsi, comme si,
quum excessisset e vita,	lorsqu'elle serait sortie de la vie,
tum victurus esset denique.	alors elle devrait vivre enfin.
Ni quod quidem	Si ceci vraiment
haberet se ita,	ne se trouvait ainsi,
ut animi essent immortales,	que les âmes soient immortelles,
animus cujusque optimi	l'âme de chaque *homme* le-meilleur
haud niteretur maxime	ne tendrait pas extrêmement
ad immortalitatem gloriæ.	à l'immortalité de la gloire.
83. Quid? quod	83. Que *dirai-je?* de ce que
quisque sapientissimus	chaque *homme* le plus sage
moritur animo æquissimo,	meurt avec une âme très-égale (calme),
stultissimus	*chaque homme* le plus insensé
iniquissimo?	*avec une âme* très-inégale (agitée)?
Nonne is animus,	N'*est-ce* pas *que* cette âme,
qui cernat plus et longius	qui regarde plus et plus loin
videtur vobis videre	vous paraît voir [choses;
se proficisci ad meliora :	elle-même partir pour de meilleures
ille autem, cujus acies	mais celle dont le regard
sit obtusior,	est plus obtus,
non videre?	ne pas *le* voir?
Equidem efferor studio	Moi-vraiment je suis transporté du désir
videndi vestros patres,	de voir vos pères,
quos colui et dilexi :	que j'ai cultivés et ai chéris :
neque vero aveo solum	mais je ne désire pas seulement
convenire eos	aller-trouver ceux
quos ipse cognovi,	que moi-même j'ai connus,
sed illos etiam	mais ceux-là aussi,
de quibus audivi,	sur lesquels j'ai entendu *parler*,
et legi,	et j'ai lu,
et ipse conscripsi.	et moi-même j'ai écrit.
Quis sane	Quelqu'un certes
haud retraxerit facile	ne ramènerait pas facilement

Peliam ¹ recoxerit. Quod si quis Deus mihi largiatur, ut ex hac
ætate repuerascam et in cunis vagiam, valde recusem; nec
vero velim, quasi decurso spatio, ad carceres a calce revocari.

84. Quid enim habet vita commodi? quid non potius laboris? Sed habeat sane : habet certe tamen aut satietatem, aut
modum. Non lubet enim mihi deplorare vitam, quod multi,
et ii docti ², sæpe fecerunt: neque me vixisse pœnitet; quoniam ita vixi, ut non frustra me natum existimem; et ex vita
ita discedo, tanquam ex hospitio, non tanquam ex domo.
Commorandi enim natura deversorium nobis, non habitandi
locum dedit.

85. O præclarum diem, quum ad illud divinum animorum
concilium cœtumque proficiscar, quumque ex hac turba et colluvione discedam! Proficiscar enim non ad eos solum viros,
de quibus ante dixi, verum etiam ad Catonem meum ³, quo
nemo vir melior natus est, nemo pietate præstantior : cujus a

serait pas facile de me retenir, et je ne me laisserais pas volontiers
rajeunir comme Pélias. Si quelque Dieu m'accordait le privilége à
moi vieillard de redevenir enfant, et de crier de nouveau dans un berceau, je le refuserais certainement, et je ne voudrais pas après avoir
achevé la course de la vie être rappelé de la borne au point de
départ.

84. Quels sont en effet les plaisirs de la vie? ou plutôt quelles
n'en sont pas les souffrances? Mais admettons qu'elle ait des plaisirs:
ces plaisirs ont leur terme et ils amènent après eux la satiété. Ce
n'est pas que je veuille médire de la vie, comme l'ont fait beaucoup
de gens et même des sages : je ne me repens pas d'avoir vécu, parce
que je pense avoir vécu de telle sorte que ma vie n'a pas été inutile; mais j'en sortirai, comme d'une hôtellerie, et non comme
d'une demeure à moi. Car la nature ne nous a donné ici-bas qu'un
pied-à-terre pour y séjourner quelque temps et non un domicile pour
y habiter toujours.

85. O le beau jour, que celui où je partirai pour cette assemblée
divine, pour ce céleste conseil des âmes, où je m'éloignerai de cette
foule terrestre, de cette fange impure! J'irai retrouver, outre ceux
dont je viens de parler, mon cher Caton, le meilleur homme qui fut
jamais, le plus tendre des fils! c'est moi qui ai mis son corps sur

me proficiscentem quidem
neque recoxerit   [quo,
tanquam Peliam.
Quod si quis Deus
largiatur mihi
ut repuerascam
ex hac ætate,
et vagiam in cunis,
recusem valde ;
nec vero velim,
spatio quasi decurso,
revocari a calce ad carceres.

84. Quid enim commodi
vita habet ?
quid laboris non potius ?
Sed habeat sane :
certe tamen
habet aut satietatem
aut modum.
Non enim lubet mihi
deplorare vitam,
quod multi fecerunt sæpe,
et ii docti :
neque me pœnitet vixisse ;
quoniam vixi ita
ut existimem
me non natum frustra,
et discedo ita ex vita,
tanquam ex hospitio,
non tanquam ex domo.
Natura enim dedit nobis
deversorium commorandi,
non locum habitandi.

85. O diem præclarum,
quum proficiscar
ad illud concilium divinum
cœtumque animorum,
quumque discedam
ex hac turba et colluvione !
Proficiscar enim
non solum ad eos viros,
de quibus dixi ante ;
verum etiam
ad meum Catonem,
quo nemo vir
natus est melior,
nemo præstantior pietate :

moi partant vraiment là,
et ne *me* recuirait pas
comme Pélias.
Que si quelque Dieu
m'accordait
que je redevinsse-enfant
de cet âge *où je suis*,
et que je criasse dans un berceau,
je refuserais très-fort ;
et certes je ne voudrais pas ,   [rue,
la carrière pour-ainsi-dire étant parcou-
être rappelé du but à la barrière.

84. Quoi de (quel) avantage en effet
la vie a-t-elle ?   [tôt ?
quoi de (quelle) fatigue n'*a-t-elle* pas plu-
Mais qu'elle ait *des avantages*, soit :
certainement cependant
elle *en* a ou la satiété (le dégoût)
ou le terme.
En effet, il ne me plaît pas
de déplorer (déprécier) la vie,
ce que beaucoup ont fait souvent ,
et ceux-là instruits :
et il ne me repent pas d'avoir vécu ;
puisque j'ai vécu de telle sorte
que j'estime
moi n'être pas né en vain,
et je m'en vais ainsi de la vie,
comme d'une hôtellerie,
non comme d'une demeure *à moi*.
La nature, en effet, nous a donné
une hôtellerie pour *y* séjourner
et non un lieu pour *y* habiter.

85. O jour brillant,
lorsque je partirai
pour cette assemblée divine
et *cette* réunion des âmes,
et lorsque je me retirerai
de cette foule et de *cette* fange !
Je partirai en effet
non-seulement *pour aller* vers ces hommes,
dont j'ai parlé auparavant,
mais aussi
vers mon *fils* Caton,
au-dessus de qui aucun homme
n'est né meilleur,
aucun supérieur en piété-filiale :

me corpus crematum est (quod contra decuit, ab illo meum) :
animus vero non me deserens, sed respectans, in ea profecto
loca discessit, quo mihi ipsi cernebat esse veniendum. Quem
ego meum casum fortiter ferre visus sum ; non quo æquo
animo ferrem; sed me ipse consolabar, existimans, non lon-
ginquum inter nos digressum et discessum fore.

86. His mihi rebus, Scipio (id enim te cum Lælio admirari
solere dixisti), levis est senectus, nec solum non molesta, sed
etiam jucunda. Quod si in hoc erro, quod animos hominum
immortales esse credam, libenter erro; nec mihi hunc errorem, quo delector, dum vivo, extorqueri volo. Sin mortuus (ut
quidam minuti philosophi censent) nihil sentiam : non vereor,
ne hunc errorem meum mortui philosophi irrideant. Quod si
non sumus immortales futuri, tamen exstingui homini suo tempore optabile est. Nam habet natura, ut aliarum omnium re-

le bûcher, quand au contraire il aurait dû y mettre le mien. Mais son
âme ne m'a point abandonné, elle est partie sans doute, en se re-
tournant pour me jeter un regard de tendresse, vers ces lieux où
elle voyait que je viendrais aussi un jour. Si je vous ai paru supporter cette perte avec courage, ce n'est pas que je la supportasse de
sang-froid, mais je me consolais en pensant que notre séparation ne
serait pas de longue durée.

86. Tels sont les motifs, mon cher Scipion (car vous avez témoigné
le même étonnement que Lélius), qui me rendent la vieillesse si
légère et qui même me la font trouver agréable, bien loin qu'elle me
soit pénible. Si je me trompe en croyant que les âmes des hommes
sont immortelles, j'ai du plaisir à me tromper, et je ne veux pas qu'on
m'arrache une erreur qui fait le bonheur de ma vie. Si, comme
le pensent quelques petits philosophes, je ne dois rien sentir après
ma mort, je n'ai pas à craindre que ces philosophes, morts comme
moi, se moquent de ma crédulité. Mais lors même que nous ne de-
vrions pas être immortels, il serait toujours souhaitable pour l'homme
de finir en son temps. Les jours de l'homme sont comptés, comme

cujus corpus	dont le corps
crematum est a me	a été brûlé par moi
(contra quod	(contrairement à quoi
decuit meum ab illo) :	il eût convenu le mien *être brûlé* par lui) :
animus vero	mais *son* âme
non deserens me,	ne m'abandonnant pas,
sed respectans,	mais tournant-les-regards *vers moi*,
discessit profecto in ea loca,	s'en est allée sans doute dans ces lieux,
quo cernebat	où elle voyait
veniendum esse mihi ipsi.	nécessité de venir être à moi-même.
Ego visus sum	Moi j'ai paru
ferre fortiter	supporter courageusement
quem casum meum ;	ce malheur mien ;
non quo ferrem	non parce que je *le* supportais
animo æquo ;	d'une âme égale ;
sed me consolabar ipse	mais je me consolais moi-même
existimans	pensant
digressum inter nos	la séparation entre nous
et discessum	et le départ
non fore longinquum.	ne devoir pas être long.
86. His rebus, Scipio,	86. Par ces motifs, Scipion,
(dixisti enim te solere	(car vous avez dit vous avoir-coutume
admirari id cum Lælio)	d'admirer ceci avec Lélius)
senectus est levis mihi,	la vieillesse est légère pour moi,
nec solum non molesta,	et non-seulement non pénible,
sed etiam jucunda.	mais même agréable.
Quod si erro in hoc,	Que si j'erre en ceci,
quod credam	que je crois
animos hominum	les âmes des hommes
esse immortales,	être immortelles,
erro libenter ;	j'erro volontiers ;
nec volo hunc errorem,	et je ne veux pas cette erreur,
quo delector,	dont je suis charmé,
extorqueri mihi, dum vivo.	être arrachée à moi, tant que je vis.
Sin mortuus sentiam nihil	Mais-si étant mort je *ne* sens rien
(ut quidam minuti philoso-	(comme certains petits philosophes
censent) : [phi	*en* sont-d'avis) :
non vereor	je ne crains pas
ne philosophi mortui	que les philosophes morts
irrideant	raillent
hunc errorem meum.	cette erreur mienne.
Quod si [tales,	Que si
non futuri sumus immor-	nous ne devons pas être immortels,
tamen est optabile homini	cependant il est désirable à l'homme
exstingui suo tempore.	de s'éteindre (finir) en son temps.
Nam natura	Car la nature
habet modum vivendi	a une mesure de vivre

rum, sic vivendi modum. Senectus autem ætatis est peractio, tanquam fabulæ, cujus defatigationem fugere debemus, præsertim adjuncta satietate.

Hæc habui de senectute quæ dicerem. Ad quam utinam perveniatis! ut ea, quæ ex me audistis, re experti, probare possitis.

tout ce qui existe dans la nature. La vieillesse est le complément de la vie, et comme le dernier acte de la pièce ; souhaitons d'en voir la fin avant de sentir la fatigue et surtout la satiété.

Voilà ce que j'avais à vous dire de la vieillesse. Puissiez-vous y parvenir, afin que l'expérience vous confirme ce que vous venez d'entendre !

sicut	comme *elle a une mesure*
omnium aliarum rerum.	de toutes les autres choses.
Senectus autem	Mais la vieillesse
est peractio ætatis	est l'achèvement (le dernier acte) de la
tanquam fabulæ,	comme d'une pièce, [vie,
cujus debemus	duquel *acte* nous devons
fugere defatigationem,	fuir la fatigue,
præsertim	surtout
satietate adjuncta.	la satiété *y* étant jointe.
Habui hæc quæ dicerem	J'ai eu ces choses que je disse (à dire)
de senectute.	sur la vieillesse.
Ad quam	A laquelle
utinam perveniatis !	plaise-à-Dieu que vous parveniez !
ut possitis probare,	afin que vous puissiez reconnaître,
experti re,	*les* ayant éprouvées par le fait,
ea quæ audistis ex me.	ces choses que vous avez entendues de moi.

NOTES.

Page 4 : 1. *O Tite, si quid ego.* Le dialogue *De la vieillesse* est souvent désigné par ces mots dans les lettres de Cicéron et dans quelques autres.

— 2. *Coquit.* Virgile a employé ce verbe dans le même sens (*En.* VII, 345) : *Femineæ ardentem curæque iræque coquebant.*

— 3. *Flamininum.* T. Quinctius Flamininus, vainqueur à Cynoscéphale, de Philippe, roi de Macédoine, et, à Sparte même, de Nabis, tyran des Lacédémoniens.

— 4. *Ille vir, haud magnâ cum re.* Ces mots désignent le poëte Ennius. Caton, revenant d'Afrique et passant par la Sardaigne, avait emmené Ennius à Rome. Plus tard, quand Caton fut nommé préteur en Sardaigne, il prit Ennius dans sa compagnie et fut initié par lui aux lettres grecques.

— 5. *Eisdem rebus.* L'oppression de la république par César et les alarmes qui suivirent la mort du dictateur.

Page 6 : 1. *Tithono.* Tithon, fils de Laomédon, époux de l'Aurore. Il avait obtenu l'immortalité de Jupiter, mais comme il n'avait pas demandé en même temps une jeunesse éternelle, il devint si caduc que la vie lui était insupportable et qu'Aurore le métamorphosa en cigale.

— 2. *Aristo Chius.* Ariston de Chio, philosophe stoïcien, élève de Lysias et de Zénon. On le surnommait le sceptique. Il avait composé un ouvrage sur la vieillesse.

— 3. *Lælium.* Lélius le sage, fils ou petit-fils de Lélius, l'ami du premier Africain. Il est célèbre lui-même par l'amitié qui l'unit à Scipion Emilien.

— 4. *Scipionem.* Scipion, le second Africain, fils de Paul Emile, avait été adopté par le fils du premier Africain.

Page 8 : 1. *Ætna gravius.* Le mont Etna, en Sicile, sous lequel, suivant les poëtes, gémissent Encélade, Typhée et Briarée qui voulurent autrefois escalader le ciel.

Page 12 : 1. *Pares autem* etc... Platon a dit de même (*Sympos.*, 18) ὅμοιον ὁμοίῳ ἀεὶ πελάζει. *Voy.* aussi Homère (*Iliade*, XVII, v. 218).

— 2. *C. Salinator, Sp. Albinus.* C. Livius Salinator, consul en 565 avec M. Valérius Messala, mourut grand pontife en 585. — Sp. Postumius Albinus fut consul en 567 avec Q. Marcius Philippus; il était augure quand il mourut en 573.

Page 16 : 1. *Seriphio.* Sériphe est une petite île de la mer Egée. Les Romains y reléguèrent souvent des citoyens bannis de l'Italie. L'anecdote de ce Sériphien se retrouve dans Platon (*de la Républ.* I, 330) et dans Plutarque (*Thémistocle*, 18).

— 2. *Q. Maximum.* Q. Fabius Maximus Cunctator.

Page 18 : 1. *Tuditano et Cethego.* L'an de Rome 549.

— 2. *Legis Cinciæ.* Loi décrétée l'an de Rome 549, sous les auspices de M. Cincius Alimentus. Elle avait pour objet de défendre aux juges de percevoir des droits ou de recevoir des présents.

— 3. *Unus homo.... rem.* Virgile a pris le vers en le modifiant légèrement : *Unus qui nobis cunctando restituit rem.* (*En.* VI, 846).

— 4. *Salinatori.* Annibal prit Tarente en 541, mais M. Livius Salinator défendit la citadelle jusqu'en 544 (Tite-Live, XXV, 9-10). Cicéron attribue à Salinator ce qui appartient à Marcus (Polybe dit Caius) Livius Macatus.

Page 20 : 1. *Agrum Picenum et Gallicum.* Les Gaulois Sénonais avaient été chassés de ces terres par L. Cornélius en 516, neuf ans avant le consulat de Fabius.

— 2. *Laudatio.* Plutarque dit avoir lu ce discours de Fabius sur la mort de son fils.

Page 22 : 1. *Est mortuus.* Il mourut la première année de la 108° olympiade.

— 2. *Panathenaïcus.* Isocrate donna à ce discours le nom de *Panathénaïque*, soit parce qu'il le prononça aux Panathénées, soit parce qu'il renfermait un éloge complet d'Athènes.

Page 24 : 1. *Leontinus Gorgias.* Gorgias de Léontium, disciple d'Empédocle. Platon a donné le nom de Gorgias à son dialogue contre les sophistes.

— 2. *Legem Voconiam.* La loi Voconia défendait non-seulement de nommer aucune femme légataire universelle, mais encore de lui laisser un legs plus considérable qu'à l'héritier principal.

Page 26 : 1. *L. Paullus.* L. Æmilius Paullus Macédonicus, vainqueur de Persée, plus connu sous le nom de Paul Emile.

— 2. *Filii mei.* Le fils de Caton était préteur désigné quand il mourut, l'an de Rome 601.

— 3. *Fabricii.* C. Luscinius Fabricius, célèbre par son ambassade auprès de Pyrrhus (473), fut deux fois consul et censeur.—Man. Curius Dentatus fut consul en 463. — Tib. Coruncanius, homme nouveau, fut le premier grand pontife. Il fut consul en 473.

Page 28 : 1. *Appii Claudii.* Appius Claudius Crassus, qui fut plus tard surnommé l'*aveugle.* C'est lui qui fit construire la voie appienne qui porte son nom.

Page 30 : 1. *Bellum.... denuntio.* Florus a dit (II, 15, 4) : *Cato inexpiabili odio delendam esse Carthaginem, et quum de alio consuleretur, pronuntiabat.*

— 2. *Reservent.* Carthage fut détruite trois ans après la mort de Caton par Scipion Emilien lui-même, qui reçut le surnom de second Africain.

Page 32 : 1. *Senes*, en grec γέροντες.

— 2. *Nævii Ludo.* Névius, poëte campanien, avait écrit quelques tragédies grecques et un poëme sur la première guerre punique. Voyez plus bas, XIV, 50.

Page 34 : 1. *Sepulcra legens.* C'était un préjugé populaire que la lecture des épithaphes faisait perdre la mémoire.

— 2. *Thesaurum obruisset.* « Il m'est advenu plus d'une fois d'oublier où j'avois caché ma bourse, quoy qu'en die Cicéro. » Montaigne (*Essais*, II, 17, n° 171).

— 3. *Ad summam senectutem.* Lucien (*in Macrobiis*, 24) dit que Sophocle vécut jusqu'à quatre-vingt-quinze ans.

— 4. *Nostro more.* Voici le texte même de l'interdiction rapporté par Julius Paulus (*Sentent. recept.* lib. III, tit. IV, A 7) : *Quando tibi bona paterna avitaque nequitia tua disperdis, liberosque tuos ad egestatem perducis; ob eam rem tibi eare commercioque interdico.*

Page 36 : 1. *OEdipum Coloneum.* (Οἰδίπους ἐπὶ Κολωνῷ), OEdipe à Colone, titre d'une tragédie de Sophocle, ainsi nommée de Colone, bourg et éminence au nord d'Athènes, célèbre par un temple de Neptune où se retira et mourut OEdipe.

— 2. *Diogenem stoicum.* Diogène de Séleucie, sur le Tigre, fut envoyé à Rome par les Athéniens en 598, avec Carnéade l'académicien et le péripatéticien Critolaüs. Il vécut quatre-vingts ans, au rapport de Lucien.

Page 38 : 1. *Serit arbores quæ alteri seculo prosient.*

Mes arrière-neveux me devront cet ombrage.   (La Fontaine.)

— 2. *Statius.* Statius Cécilius, poëte comique, qui mourut un an après Ennius.

Page 40 : 1. *Se quotidie aliquid addiscentem.*

Γηράσκω δ' αἰεὶ πολλὰ διδασκόμενος.   (Solon, *Fragments.*)

Page 41 : 1. *Sex. Ælius*, jurisconsulte habile et orateur distingué, fut consul l'an de R. 555.

— 2. *P. Crassus.* P. Licinius Crassus, consul en 583 avec C. Cassius Longinus. Il était très-versé dans le droit civil et le droit pontifical.

Page 44 : 1. *Cn. et P. Scipiones.* C'est d'eux que Cicéron a dit (*Paradox.* I, 2, 7) : *Propugnacula belli Punici, Cn. et P. Scipiones Carthaginiensium adventum corporibus suis intercludendum putaverunt.*

Page 46 : 1. *Apud Xenophontem.* Voy. *Cyropédie*, VIII, 7. Cicéron rapporte le discours vers la fin de ce dialogue, ch. XXII.

— 2. *L. Metellum.* L. Cécilius Métellus dont l'éloge est dans Pline, VII, 45.

— 3. *Tertiam jam ætatem hominum.* Homère (*Iliade*, I, v. 250),

Τρὶς γὰρ δή μιν φασιν ἀνάξασθαι γένε' ἀνδρῶν.

Page 48 : 1. *Ex ejus lingua... oratio.* Hom. (*Iliade*, I, v. 249),

Τοῦ καὶ ἀπὸ γλώσσης μέλιτος γλυκίων ῥέεν αὐδή.

— 2. *Ut Ajacis... ut Nestoris.* Voir dans l'*Iliade*, II, 371 et vers suivants.

— 3. *Apud Thermopylas.* Le combat des Thermopyles contre Antiochus est raconté dans Tite-Live, XXXVI, 16.

Page 50 : 1. *Ego vero... essem.* Montaigne (*Essais*, II, 10), blâme l'harmonie de cette phrase. A quoi M. J.-V. Leclerc répond que pour en bien juger il faudrait bien connaître la manière de prononcer des Latins, et il faut remarquer en outre qu'il y avait des élisions en prose comme en vers.

— 2. *Per stadium.* Le stade, carrière où les Grecs s'exerçaient à la course, avait environ vingt-cinq pas géométriques.

Page 52 : 1. *Masinissa.* Salluste dit de lui (*Jugurtha*, v) : « *Masinissa, rex Numidarum, in amicitiam receptus a P. Scipione, multa et præclara rei militaris facinora fecerat.* »

Page 54 : 1. *Africani filius.* Cnéius Scipion, dont il est question plusieurs fois dans les *Offices* (I, 33, 121) et dans le *Brutus* (XIX, 77).

Page 56 : 1. *Comicos stultos senes.* — Cicéron cite ailleurs (*de l'Amitié*, XXVI) les vers de Cécilius qui se trouvaient dans l'*Épiclerus* :

> *Hodie me ante omnes comicos stultos senes*
> *Versaris, atque emunxeris lautissime.*

Page 58 : 1. *Originum.* Voir sur cet ouvrage Cornélius Népos. (*Vie de Caton*, ch. III).

— 2. *Pythagoreorum more.* Voir les *vers dorés* (40-44).

Page 60 : 1. *Archytæ Tarentini.* Archytas de Tarente, philosophe pythagoricien, astronome et mathématicien distingué, en même temps qu'homme d'État et général (440-360).

Page 64 : 1. *C. Pontio.* C. Pontius Hérennius. — Cet événement eut lieu l'an de Rome 433.

— 2. *Plato.* Platon mourut vers l'époque même (l'an de R. 404) où Cicéron place son séjour en Italie, et il y avait longtemps qu'il ne voyageait plus.

— 3. *L. Flamininum.* L. Quinctius Flamininus avait été consul l'an de Rome 561. Caton fut censeur en 569. Aussi quelques éditeurs ont-ils donné *octo annis* au lieu de *septem*.

Page 66 : 1. *Flacco*. L. Valérius Flaccus, censeur la même année que Caton.

— 2. *Cinea*. Cinéas, ambassadeur envoyé à Rome par Pyrrhus.

Page 68 : 1. *P. Decio*. Trois Décius se dévouèrent pour leur patrie : le père, dans la guerre contre les Latins; le fils, dont il est ici question, dans la guerre contre les Étrusques, et le petit-fils, dans celle contre Pyrrhus.

Page 70 : 1. *Crebro funali et tibicine* : « *Per vitam omnem, ubi a cœna rediret, prælucere funalia, præcinere sibi tibias jussit.* » (Florus, II, 2.)

— 2. *Sacris Idæis Magnæ Matris*. Cybèle était surtout adorée en Phrygie, où sont les monts Ida, Bérécynthe et Dindyme. C'est en 549 que P. Cornélius Nasica fit transporter en grande pompe l'image de cette déesse dans le temple de la Victoire (Tite-Live, XXIX, 14).

— 3. *Convivium*, de *cum* et *vivo*. — *Compotationem*, en grec, συμπόσιον; *concœnationem*, σύνδειπνον.

Page 74 : 1. *Minuta atque rorantia*. Xénophon les nomme (*Banquet*, II, 26) : κύλικες σμικραὶ καὶ ἐπιψεκάζουσαι.

— 2. *Ad multam noctem... producimus*. Horace a dit (*Odes*, III, 21) :

> *Narratur et prisci Catonis*
> *Sæpe mero caluisse virtus.*

J.-B. Rousseau a imité ainsi les vers d'Horace (*Odes*, II, 2) :

> La vertu du vieux Caton,
> Chez les Romains tant prônée,
> Était souvent, nous dit-on,
> De Falerne enluminée.

Page 76 : 1. *Turpione Ambivio*. Ambivius Turpion, acteur célèbre que Cicéron mettait au même rang que Roscius et dont Symmaque (*Lettres*, X, 2) parlait avec admiration plusieurs siècles après.

— 2. *C. Gallum*. C. Sulpicius Gallus, habile astronome, qui avait fait la guerre sous Paul Emile. Cicéron en parle avec éloge surtout dans le premier livre de la *République*.

Page 78 : 1. *Livium*. Livius Andronicus.

— 2. *Centone Tuditanoque consulibus*. L'an de Rome 513, et Caton naquit en 519.

— 3. *P. Scipionis*. P. Scipion Nasica, surnommé Corculon, qui fut consul avec Figulus en 591, et mourut grand pontife en 603.

— 4. *Cethegum*. M. Cornélius Céthégus dont parle *Brutus* (XV, 58 et 59) : *Additur orator Corneliu' suaviloquenti Ore Cethegus Marcu' Tuditano collega... Flos delibatus populi... Suadæque medulla...* Cicéron ajoute : Πειθώ *quam vocant Græci*.

Page 86 : 1. *Doctus Hesiodus*. Il ne s'agit pas ici de l'ouvrage intitulé : Ἔργα καὶ Ἡμέραι, mais d'un autre qui avait pour sujet, au témoignage de Manilius, la plantation et la propagation de la vigne, la greffe des arbres, etc.

— 2. *Colentem agrum.* Homère (*Odyssée*, XXIV, v. 226) :

> Τὸν δ'οἶον πατέρ' εὗρεν ἐϋκτιμένῃ ἐν ἀλωῇ
> Λιστρεύοντα φυτόν.....

Mais le verbe λιστρεύειν est généralement traduit par *purgare*, et non par *stercorare*. Voy. plutôt *Odyssée*, XIV, v. 297.

Page 90 : 1. *L. Quinctio Cincinnato.* Cincinnatus fut deux fois dictateur ; la première l'an de Rome 296, la seconde en 315.

— 2. *Interemit.* Le fait eut lieu sous la seconde dictature de Cincinnatus.

Page 94 : 1. *Critobulo*, Critobule, disciple de Socrate, son interlocuteur dans l'Οἰκονομικός et dans plusieurs autres de ses ouvrages.

— 2. *Cyrum minorem.* Cyrus le jeune, fils de Darius Nothus, et dont Xénophon a écrit l'expédition contre son frère Artaxerce. — L'expression *rex Persarum* ne doit pas être prise dans un sens rigoureux.

— 3. *Lysander.* Lysandre, général spartiate qui termina la guerre du Péloponèse, « *et magnam reliquit sui famam, magis felicitate, quam virtute partam* » (Cornélius Népos).

Page 96 : 1. *Virtuti tuæ fortuna conjuncta est.* Cicéron a modifié la pensée de Xénophon (*OEcon.*, IV, 20), qui est plus digne d'un philosophe : Δικαίως μοι δοκεῖς... ὦ Κῦρε, εὐδαίμων εἶναι· ἀγαθὸς γὰρ ὢν ἀνὴρ εὐδαιμονεῖς.

Page 98 : 1. *Illud elogium.* On voyait cette inscription sur le tombeau de Calatinus, à la porte de Capène. Il en est encore question dans les *Tusculanes*, I, 7, et dans les *Académiques*.

— 2. *Lepidum.* M. Émilius Lépidus, consul d'abord l'an 566, et plus tard en 578. Il fut envoyé à Alexandrie par le sénat pour être le tuteur de Ptolémée.

Page 102 : 1. *Ludis*, les jeux Panathénaïques.

Page 104 : 1. *At sunt morosi.* Aristote (*Rhét.* II, 13) défend les vieillards contre tous ces reproches.

— 2. *In Adelphis.* Les Adelphes, comédie de Térence imitée en français par Baron.

Page 108 : 1. *Fratribus tuis.* Les deux fils de Paul Émile, qui moururent, l'un peu de jours avant le triomphe de son père, l'autre immédiatement après.

— 2. *Tartessiorum.* Tartessus était une île et une ville de la Bétique.

Page 110 : 1. *Plaudite.* Dernier mot de la plupart des pièces comiques chez les Latins.

Page 114 : 1. *Senectute.* Voy. Valère Maxime (VI, 2, 12) sur une réponse analogue d'A. Cascellius.

Page 116 : 1. *Solonis..... elogium.* Voici l'épitaphe de Solon, où ce désir est exprimé :

Μηδ' ἐμοὶ ἄκλαυστος θάνατος μόλοι, ἀλλὰ φίλοισι
Καλλείποιμι θανὼν ἄλγεα καὶ στοναχάς.

Page 118 : 1. *L. Brutum.* L. Junius Brutus, celui qui chassa Tarquin le Superbe : il fut tué par Aruns, l'un des fils de Tarquin.

— 2. *M. Atilium.* Régulus.

— 3. *Duo Scipiones.* Cnéus et Publius, l'un père de Scipion Nasica, et l'autre du premier Africain. Tous deux furent tués en Espagne dans la seconde guerre punique. Voy. ci-dessus, p. 44, not. 1.

— 4. *M. Marcellum.* M. Claudius Marcellus, vainqueur de Syracuse, tué dans les plaines de Tarente, la onzième année de la première guerre punique.

— 5. *Crudelissimus... hostis.* Annibal, qui lui rendit les derniers honneurs, et envoya à son fils ses cendres renfermées dans une urne d'argent couverte d'une couronne d'or.

Page 122 : 1. *Terras tuerentur.* Voy. dans le VIᵉ livre de la *République*, le *Songe de Scipion* (ch. III).

Page 124 : 1. *Apud Xenophontem.* Cicéron traduit le passage assez librement. Voir *Cyropédie*, VIII, 7 sqq. — Voir aussi les *Tusculanes*, I, 12 et le *Traité de l'Amitié*, ch. IV.

Page 126 : 1. *Tam simile quam somnum.* ὕπνος κασίγνητος θανάτοιο (*Il.* XIV, 231).

Page 128 : 1. *Ut Deum.* M. J.-V. Leclerc fait observer que le mot *Deum* doit être pris ici dans le sens de δαίμονα, et que chez les platoniciens on trouve souvent le mot θεόν, ne signifiant rien autre chose que l'*âme,* qu'ils regardaient comme une émanation de la divinité.

Page 132 : 1. *Peliam.* Pélias, roi de Thessalie, que ses filles mirent en pièces, sur le conseil de Médée, qui leur avait promis de le rajeunir, comme elle prétendait avoir rajeuni le père de Jason.

— 2. *Multi et ii docti.* Hégésias le Cyrénaïque avait écrit un livre où il énumérait tous les inconvénients de la vie humaine (Cicéron, *Tusculanes*). On connaît ce vers d'Euripide : Ὁ βίος ἀληθῶς οὐ βίος, ἀλλὰ συμφορά.

— 3. *Ad Catonem meum.* Voy. le *Traité de l'Amitié*, ch. II.

LIBRAIRIE DE L. HACHETTE ET Cⁱᵉ.

TRADUCTIONS JUXTALINÉAIRES

DES

PRINCIPAUX AUTEURS CLASSIQUES LATINS.

FORMAT IN-12.

——⋙◦⦿◦⋘——

*Cette collection comprendra les principaux auteurs
qu'on explique dans les classes.*

EN VENTE AU 1ᵉʳ OCTOBRE 1848 :

CICÉRON : Discours contre Catilina
(Sous presse)........ »
— Discours contre Verrès sur les
Statues.................... 4 fr.
— Discours contre Verrès sur les Sup-
plices. Prix................ 4 fr.
— Plaidoyer pour Archias..... 90 c.
— Plaidoyer pour Milon. 2 fr. 50 c.
— Plaidoyer pour Murena. 2 fr. 50 c.
— Songe de Scipion........... 75 c.
HORACE : Art poétique...... 90 c.
— Épîtres.................... 3 fr.
— Odes et Épodes. 2 vol. Prix... 7 fr.
On vend séparément :
Le Iᵉʳ et le IIᵉ livre des Odes.... 3 fr.
Le IIIᵉ et le IVᵉ livre des Odes et
les Épodes................ 4 fr.
— Satires................... 3 fr.
PHÈDRE : Fables. .... 3 fr.
TACITE : Annales, liv. Iᵉʳ. 2 fr. 50 c.

TACITE : Mœurs des Germains,
(Sous presse)........... » »
— Vie d'Agricola........ 1 fr. 75 c.
TÉRENCE : Adelphes.... 2 fr. 50 c.
— Andrienne........... 2 fr. 50 c.
VIRGILE : Bucoliques... 1 fr. 50 c.
La 1ʳᵉ Églogue, séparément. 40 c.
— Énéide :
Livres I, II, III réunis en un vol.
Prix.................... 4 fr.
Livres IV, V, VI réunis en un vol.
Prix.................... 4 fr.
Livres VII, VIII, IX réunis en
un volume. Prix......... 4 fr.
Livres X, XI, XII réunis en un vol.
Prix.................... 4 fr.
Chaque livre séparément. 1 fr. 50 c.
— Géorgiques (les quatre livres).
1 volume................. 3 fr.
Chaque livre séparément.... 90 c.

——◦✦◦——

À la même Librairie :

TRADUCTIONS JUXTALINÉAIRES

DES PRINCIPAUX AUTEURS GRECS,

à l'usage

des classes et des aspirants au baccalauréat ès lettres.

DE L'IMPRIMERIE DE CRAPELET, RUE DE VAUGIRARD, Nᵒ 9.

www.ingramcontent.com/pod-product-compliance
Lightning Source LLC
Chambersburg PA
CBHW072059090426
42739CB00012B/2813

* 9 7 8 2 0 1 2 1 8 4 2 8 2 *